A GAROTA DAS NOVE PERUCAS

A GAROTA DAS NOVE PERUCAS

SOPHIE VAN DER STAP

Tradução
Márcio A. Viana Filho

Do original Meisje met negen pruiken
Copyright © 2006 Sophie van der Stap
Todos os direitos reservados.

Nenhuma parte desta publicação poderá ser reproduzida por qualquer meio ou forma sem a prévia autorização da Editora Livros de Safra.
A violação dos direitos autorais é crime estabelecido na Lei n. 9.610/98 e punido pelo artigo 184 do Código Penal.

Gerência de produção: Marcela M. S. Magari Dias
Revisão: Márcio Campos e Deniz Adriana Santos
Capa: Adriana Melo
Fotos: Reinier van der Aart
Diagramação: Kathya Yukary Nakamura

Dados Internacionais de Catalogação na Publicação (CIP)
(Câmara Brasileira do Livro, SP, Brasil)

Stap, Sophie van der
 A garota das nove perucas / Sophie van der Stap;
tradução Márcio A. Viana Filho. - São Paulo: Virgiliae, 2013.

Título original: Meisje met negen pruiken.

1. Câncer - Pacientes - Autobiografia 2. Diários
3. Histórias de vida 4. Stap, Sophie van der
I. Título.

13-01870					CDD-839.31

Índices para catálogo sistemático:
1. Literatura holandesa 839.31

 um selo da: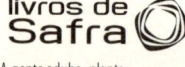

Livros que fazem o tico, o teco   A gente aduba, planta
e a turma toda funcionar   e colhe palavras!

Livros de Safra
tel 55 11 3094-2511
www.livrosdesafra.com.br
Rua Simão Álvares, 663
cep 05417-030 São Paulo - S.P.

"Se partires um dia rumo a Ítaca,
faz votos de que o caminho seja longo,
repleto de aventuras, repleto de saber."

KONSTANTINOS KAVÁFIS

(tradução de José Paulo Paes)

Quando fui entrevistada no popular programa da televisão holandesa "O mundo continua a girar" (De Wereld Draait Door), também estava lá o ator Cees Geel falando sobre o papel dele no filme "Simon". Depois de ouvir minha história ele comentou: "a maneira que você vive uma situação é totalmente diferente de quem só a vê de fora. Para quem não passou por tudo o que passou, é impossível se colocar na sua pele, seja da paciente de câncer, da escritora estreante, ou entender quem foram Stella, Sue, Daisy, Blondie, Platina, Uma, Pam, Lydia ou Bebé".

Espero que ele esteja errado e eu tenha conseguido neste livro fazer você sentir um tanto das emoções que experimentei.

Quinta, 17 de fevereiro de 2005

– Desculpa, – digo, ao ver todo aquele cabelo caído no chão atrás de mim – tudo está acontecendo tão rápido.

A senhora me observa pelo espelho. Eu trouxe fotos minhas para mostrar como gosto de usar o cabelo. São as fotos que o Martijn tirou três semanas atrás, quando meus cabelos ainda eram os meus. Estou parecendo cada vez menos com a garota das fotos agora que os folículos capilares estão perdendo a batalha contra a quimioterapia. As fotos estão espalhadas pela mesa entre um catálogo de perucas e um recém-surgido cacho de cabelos loiro-claros. E que tal assim? Nem pensar. Todos os penteados me transformam num travesti e quando ela traz uma peruca de cabelos longos e escuros é inevitável pensar no guitarrista do Guns N' Roses, só que na minha cabeça. Um desastre.

A loja de perucas fica no primeiro andar do átrio do AMC – o Centro Médico-Acadêmico da Universidade de Amsterdã – e dispõe de provador. Super conveniente para as pacientes da Oncologia que já podem ir direto para lá depois da quimioterapia. Ao meu lado estão minha mãe, minha irmã e minha melhor amiga, Annabel. Estamos todas meio caladas e pouco à vontade. Então a Annabel põe uma peruca na cabeça e a tensão se dissolve. Ela fica indescritível e caímos na gargalhada.

Olho para minha irmã e para o seu cabelo escuro, preso num coque. Ela está fantástica. Como eu, ela gosta do cabelo preso num coque alto atrás da cabeça com um pouco de franja na frente. Observo o cabelo escuro e espesso da Annabel, olho de novo para os cabelos brilhantes da minha irmã, o cabelo curtinho da minha mãe e, por fim, os tufos patéticos que ainda me restam. Um retrospecto acelerado das três últimas semanas passa num lampejo pela minha cabeça. Mas ainda não entendo o que estou fazendo aqui. O que estou fazendo aqui?

Quero sumir, esconder-me atrás das paredes seguras de casa. Não é só pela doença, mas também pelas reações das pessoas à minha volta, que só confirmam aquilo que tento esquecer. Vizinhos com olhar comiserados. Atendentes do mercado que põem um pacotinho a mais de vitaminas na minha cesta. Amigos que me abraçam com força. Parentes que me acompanham no choro. Com os olhos cheios de lágrimas, miro o espelho e deixo a senhora brincar com meu novo cabelo. Meus lábios que sempre foram carnudos, agora parece estarem menores, tímidos, mostrando perplexidade. Quanto mais ela vai devastando o meu cabelo, mais pareço uma caricatura e mais me sinto vulnerável. Por outro lado, quase desencano, já nem me reconheço no espelho.

Finalmente saio do provador com uma cabeça de bruaca que não é a minha. A aparência é horrível e, pior, coça. Nem uma vaga lembrança da Sophie, mas sim uma lambisgoia qualquer, desajeitada e sem graça.

A senhora me dirige palavras de encorajamento. Estamos todas descendo de elevador. O provador ficou para trás. Estamos de volta ao átrio.

– Você ainda precisa aceita-la como sua. Nunca fica perfeita no primeiro dia. Brinque um pouco, experimente e em duas semanas vai encarar de forma mais natural.

Claro... Bem minha mesmo. Uma lambisgoia sem graça? Quem eu era?

Viro para minha mãe e vejo que seus olhos estão marejados.

A vendedora já está nesse ramo há vinte anos (assim me diz

ela) e é uma das poucas que trabalha com as perucas mais finas, vindas do Japão ou da China.

– É de lá que vêm as perucas mais modernas e bacanas. Ideais para pessoas mais novas como você.

No espelho do elevador tento achar algo moderno e bacana, mas não encontro nada. Em vez disso, vejo uma ratazana cinzenta com uma peruca na cabeça.

Dois meses depois de ter iniciado o meu périplo ao hospital, finalmente concluíram que eu deveria ir para o ambulatório do Doutor K. Foi numa quinta-feira, no começo de janeiro. Era um dia como qualquer outro, pois ainda não sabia que nos meus pulmões morava uma família inteira de tumores. Ou melhor: na membrana em volta dos pulmões, também conhecida como *pleura*. Depois de várias visitas a médicos diversos, além de duas idas ao pronto-socorro, estava sentada esperando para ser atendida num novo ambulatório do hospital. Novo médico, novas enfermeiras, novo prontuário.

E lá vinha ele, o enésimo jaleco branco que me viraria do avesso para, mais tarde, prestar-me condolências pelo meu prognóstico sombrio. E ele foi decidido até o balcão do seu próprio ambulatório, abriu meu prontuário e chamou "Senhora Van der Stap". Iniciou uma busca com seus olhos, encontrando-me sem maior dificuldade. Uma viciada em drogas, deve ter pensado. Mas eu, naquele mesmo instante, já estava rendida: rosto bonito, jaleco branco e quarenta e poucos anos. Fiquei internada uma semana inteira depois na sua seção, mas a primeira impressão já tinha sido o suficiente.

Reanimada pela visão do meu novo médico, tratei de entrar o mais rápido que deu na sua salinha branca. Naquele momento, agradeci a Deus que *o mundo é dos homens*. O hospital se candidatava a ser o lugar perfeito para esquecer a minha solidão sexual. Depois de todos os jalecos brancos que o antecederam, não foi nada mal ter agora essa surpresa muito agradável.

Àquela altura, já fazia dois meses que, com certa regularidade, vinha dando voltas, de ambulatório em ambulatório, pelo OLVG, o Hospital de Nossa Senhora, em Amsterdã. Percorri-o de cima a baixo, de fora a fora. Oito residentes, dois ginecologistas, um pneumologista e três ciclos de tratamento com antibióticos, sem qualquer sucesso.

Minhas queixas difusas do primeiro dia continuavam igualmente difusas: uma pinçada aqui e ali, o pulmão cheio de líquido e uns quilos a menos. E, além disso, o rosto extremamente pálido. Depois de ter meus dados anotados pela milésima vez – ainda não adotaram um sistema digital centralizado nessas fábricas onde os maiores milagres são operados pelos melhores equipamentos –, pus-me a observar meu médico com atenção. Na plaquinha estava escrito: DOUTOR K. - PNEUMOLOGIA. Segundo minha avaliação, uns quarenta e poucos anos. Charmoso, bonito e fortão: louco por um rabo de saia ou um respeitável maridinho? Será que os dois? Vou dar uma googlada, pensei comigo mesma. Um jaleco branco desses pode esconder muita coisa, mas os sapatos não. Sapatos com padrões furadinhos, de couro preto. Mal sinal? Bom sinal? Opto por bom sinal, já que não é mais um garotão. No pescoço, um estetoscópio.

Ordenou então que eu sentasse na maca e me mandou levantar a blusa. Eu estava com um sutiã preto e não era necessário tirá-lo. Primeiro ele encostou o metal frio do estetoscópio no meu peito, depois nas minhas costas trêmulas.

Ele escutou, eu expirei.

Eu expirei, ele escutou.

Eu escutei, ele suspirou.

Algo não andava bem, concluiu. Essas palavras inconclusivas não me deixaram propriamente com medo. Talvez até aliviada, pois que havia algo no meu corpo que não andava bem eu já tinha concluído há muito tempo.

Cansaço, respiração difícil, maçãs do rosto pálidas, tudo isso era completamente novo. Uma solução dentro de um frasco de remédios e tocar adiante: era isso o que eu queria.

Fui despachada dali, mas ainda não pude ir para casa: ia tirar chapas no primeiro andar, na Radiologia, e logo retornar. Docilmente, saí com meu novo prontuário debaixo do braço. O hospital ainda era uma aventura cheia de homens bonitos, atenciosos e levemente autoritários. E daqui para frente?

De volta ao Doutor K., agora com as chapas dos pulmões, sentei-me de novo numa maca. Desta vez num edifício anexo, em uma de suas salas de tratamento. ENDOSCOPIA E EXAME DE FUNÇÃO PULMONAR: estas eram as palavras que podiam ser lidas sobre a minha cabeça.

– Não gosto do que vejo – disse o Doutor K. – Há um líquido dentro do seu pulmão direito que não pode continuar aí. Vamos ter que tirar.

– Tirar?

– É, por um pequeno dreno nas costas.

Engoli a seco. Não sabia como era esse dreno, mas algo ali, enfiado nas minhas costas, não soava nada agradável.

Tive que levantar a camiseta de novo e desta vez tirá-la completamente. Vai ficar tudo sob controle, pensei. O sutiã também se foi. Com as costas tremendo tanto quanto os peitinhos, vi a agulha comprida e grossa que o Doutor K., sua assistente – com certeza lésbica – e o residente Floris observavam com tanta atenção. Ou seja: seis olhos apontados para os meus peitinhos. Ou seria de fato a agulha o foco da atenção? Aquela que seria espetada nas minhas costas, penetrando até o pulmão. O Floris não estava muito menos nervoso do que eu. Ficou a certa distância, ocupado com as instruções do Doutor K. e manipulando meio inabilmente o ferramental do seu chefe.

Enquanto isso, a assistente explicava o que iria acontecer, bem como, a razão para quererem esvaziar minha pleura:

– As chapas mostram que você tem setecentos e cinquenta mililitros de líquido acumulados entre a pleura e o pulmão. Nós vamos bombear para fora com um dreno.

– Ahn.

– Vamos torcer, se tiver um pus amarelado, significa que há inflamação.

– Ahn.

Ela foi cuidadosa na aplicação da anestesia. Mas não pareceu o suficiente, por que ainda deu para sentir a agulha entrando nas minhas costas e perfurando a pleura, que até há pouco, eu nem sabia que existia:

– Ai!

O Doutor K. veio apressado, trazendo um remedinho milagroso e assumindo a agulha das mãos da assistente. Por um tubinho transparente, o líquido escorreu para fora das minhas costas. Se não estava amarelado, o que me deixou tranquila, tampouco era prova para resolver a questão, como soube depois.

De volta ao ambulatório, o Doutor K. pediu o número do meu celular. Com todo o prazer!

Na noite daquele mesmo dia, ele me ligou:

– Ainda não tenho um quadro claro do seu caso. Vamos interná-la por uma semana para exames diversos. Começaremos por uma endoscopia.

– Endo-quê?

– Fazemos uma pequena incisão de dois centímetros na parte lateral das costas e inserimos uma camerazinha. Daí tiramos um pouquinho de tecido.

– Ahn... Se o senhor acha que não tem outro jeito...

Ainda estava corajosa quando desliguei, mas já estavam ali as primeiras lágrimas causadas pela nova aventura que começava a me enredar. Eu tremia e estava com medo pela primeira vez. Com medo de que meu corpo fosse levar uma vida própria.

– É que o Doutor K. me quer por perto – brinquei com meus pais, limpando as lágrimas. Mas lá estava eu, deitada no meu quarto branco, na minha cama branca, vestindo o meu pijama branco e entre as enfermeiras de branco. Uma sonda no nariz, um pneumotórax por causa da endoscopia e uma bolsa de soro acima da cabeça. Eram muitas coisas ao mesmo tempo, longe de ser um mar de rosas. Empolgante, acolhedor, tranquilo e chato. Finalmente acabei de ler o livro grossão. O Doutor K., que já tinha ganho um papel importante na minha fantasia, vinha todo dia perguntar como estávamos passando eu e a Anna Kariênina. Eu melhor do que ela, ainda pensava eu naquela altura.

Uma semana mais tarde, estava com meu pai no já costumeiro ambulatório, numa sala com um homem grosso e desconhecido. O Doutor K. estava em um congresso por uma semana. Era 26 de janeiro de 2005, quarta-feira. Em casa, o champanhe já estava gelada: apostávamos em uma infecção, no pior dos casos, ou uma bactéria desconhecida que eu tinha pego na viagem à Índia e ao Irã. Um sarcoma raro não estava excluído, mas não era o que se esperava, disseram-me depois. Certamente nada disso fazia parte dos meus planos. Naquela altura, eu ainda achava empolgante quando um novo médico entrava em cena.

– Chegaram os resultados do laboratório, seu caso é grave. Você está com câncer.

O colega bruto do meu querido médico disse isso sentado, com os braços cruzados, por cima da mesa do Doutor K.

E eu ali na frente, boquiaberta.

E eu aos prantos, no chão.

E eu, apavorada, me arrastando para debaixo da mesa dele.

Um momento totalmente irreal e, no entanto, terrivelmente real. Meu pai tinha o olhar fixo num ponto distante, segurando as lágrimas por minha causa. Ainda me lembro de olhar para ele e pensar: mal acabaram de superar a quimioterapia da mamãe. Já tiveram a sua cota. E agora, eis-me aqui.

Há poucos meses minha mãe tinha passado pela última sessão de quimioterapia, exatamente a um corredor e uma escada de distância da sala onde eu agora recebia esse golpe. Mas ela já está totalmente recuperada e manteve os seios intactos.

Por fim, levantei-me, escondida sob meu pesado casaco e quis ir embora dali. Trouxera o casaco porque em janeiro o frio é intenso. Frio no Hospital de Nossa Senhora. Frio no trajeto Pneumologia-Oncologia. Depois de lágrimas infindáveis, recolhi-me ao aconchego do casaco para, desprovida de nenhuma crença, iniciar meu caminho. E neste, o frio só aumentava. Eu queria fugir, tinha a tola esperança de conseguir apertar um botão e retroceder minha vida por alguns minutos. Ninguém mais ali para dividir esse pesadelo comigo e com meu pai. Aquilo ainda não fazia parte da nossa vida. Talvez por isso fosse tão surreal, mas agora também tão doloroso e solitário. O médico me perguntou para onde eu ia. Não tinha a menor ideia. Só sabia que tinha que ir embora dali. De volta para minha vida anterior.

Ainda iria à faculdade na semana seguinte. Mas naquele dia, naquela sala, meu mundo mudou completamente; e somente o meu. Os estudantes continuavam correndo como sempre para pegar o sinal, com um copinho plástico vagabundo saído da máquina de café numa mão e um lanche ou o jornal da manhã na outra. E não só os estudantes. Também os jalecos brancos – tornados repentinamente repulsivos e agourentos – sumiram de vista para tratar das suas novas prioridades. Só o meu mundo ficou para trás, parecendo transformar-se cada vez mais em um mundo à parte.

Quinze minutos depois, fomos conduzidos ao guichê próprio para os pacientes com câncer no ambulatório de Oncologia. Lá, o ocorrido nos minutos anteriores recebeu confirmação e a realidade começou a ganhar contornos cada vez mais definidos. Era como a produção de pneus em uma fábrica.

As primeiras palavras foram as únicas que ficaram daquela conversa: "agressivo", "metástase" e "raro". Do fígado para os pulmões.

Um golpe. Isso é foda, pensei, um horror. E então a última frase: "Extirpá-los é um grande desafio, mas o verdadeiro desafio será impedi-los de voltar".

Outro golpe.

Então vou morrer? Olhei meio de lado para onde a parede se junta com o chão.

Mas os golpes não pararam: "Se é que vamos poder ajudar..."

Se. Ele disse "se". É, pensei, vou morrer mesmo. O que será da minha vida?

E ainda mais coisa: "Cinquenta e quatro semanas... Quimioterapia... Cintilografia óssea... Se... Se... Se...".

Eu tinha que sair de lá. Não estava em condições de debater sobre o estado das minhas células ou da minha medula óssea. Saí correndo. Meu pai continuou a ouvir o relato e depois finalizou a conversa.

Tivemos que ir imediatamente para o ambulatório de Radiologia, onde recebi uma injeção de líquido radioativo. Meu pai saiu da sala e foi telefonar para minha mãe e minha irmã, como depois fiquei sabendo. Terrível, pensei, se já nem ele está aguentando isso. Em seguida, ele voltou com os olhos vermelhos, que tentava disfarçar sem conseguir. Essa era uma das piores partes de todo aquele pesadelo: um pai que quase desmorona no minuto em que pensa que você não está olhando. Ou uma mãe que à noite chora aos soluços com a irmã ao telefone, sentada na escada, porque acha que lá eu não a ouço.

A injeção levava duas horas para fazer efeito. Tínhamos, portanto, tempo suficiente para mudar de ares e refugiar-nos em casa.

– Esta história não vai acabar bem, pai.

– Sophie, eles também estavam muito pessimistas no caso da sua mãe – respondeu meu pai. Este ano vai ser uma merda, mas ano que vem tudo volta ao normal.

– Mas do que é que você está falando?! Não se trata de um simples câncer de mama!

– É assim que os médicos são – disse, resoluto.

E é assim que os pais são, pensei.

Quando entramos na nossa rua, vi a silhueta da minha irmã, que esperava de *training* em frente de casa. O nome dela é Saskia, mas eu sempre a chamei de "mana". Às vezes nos parecemos muito, mas em outras situações, nem um pouco. Temos as mesmas sobrancelhas escuras e os lábios grossos, mas a semelhança para aí. Minha irmã e eu nem estávamos tão gordas naquela época, mas nós nos provocávamos muito, nos criticávamos muito. Mas era ela e mais ninguém que eu queria ver. E passei algum tempo tremendo nos seus braços:

– Mana, estou com câncer! – solucei. – E eu só tenho 21 anos. Pode ser que eu morra.

Ela me apertou bem forte e senti que ela também estava tremendo. Chorando, entramos.

No espelho, procurei alguma coisa de estranho, que não fosse minha, que não devesse estar ali. Um câncer estranho. Vi uma menina pálida como um fantasma e apavorada. Não entendia. Era eu mesma que via? Uma menina com câncer? Eu sou uma menina com câncer?

Minha mãe estava a caminho, no bonde que vem de Sloten à Estação Central de Amsterdã. Ela estaria sentada num canto, ao lado da janela, com o olhar no infinito. Ou talvez o bonde estivesse lotado e ela estivesse em pé, entre as outras capas de chuva molhadas. Ou já tinha parado de chover? Já não sei mais, tantas lágrimas por causa do câncer. O câncer dela e o meu agora. Quanto já não tive eu que apoiá-la. Se agora pelo menos conseguisse me manter em pé por conta própria... Foi ela quem me manteve em pé quando chegou em casa e me segurou com força para não me soltar nunca mais. Eu estava no banheiro e tinha acabado de fazer xixi quando ela veio correndo escada acima. Rapidamente, fechei o zíper e dei descarga no xixi produzido pelo nervosismo. O jeans estava meio folgado no traseiro. Entendi então que já era resultado do câncer.

Os olhos dela estavam úmidos, mas ela não estava chorando:
– A gente sai dessa. – Repetia ela várias vezes.
Tremendo, eu concordava com a cabeça.
Tínhamos que estar de volta ao hospital em uma hora para a cintilografia. "Cintilografia óssea" soava como algo medonho e perigoso.

Minha mãe tinha estado debaixo daquele aparelho enorme e agora me levava até ele. Meu pai, minha irmã e minha avó, que também fora convocada às pressas, ficaram esperando na lanchonete horrorosa do OLVG, no andar de baixo. Tive que tirar pulseira, anel, mas pude ficar vestida. A sala era grande e o aparelho parecia maior ainda. Minha mãe pôs uma castanha na minha mão para dar sorte e não me largou até que a convenci de que tinha aprendido o mantra: "Não é no osso. Não é no osso". Ou seja: "Não vou morrer. Não vou morrer. Não vou morrer".

Era para o procedimento durar mais ou menos uns vinte minutos. Nesses minutos, deixam você sozinha por causa da radiação. Ainda lembro que a tranquilidade repentina causou uma sensação muito boa. Cochilei e foi maravilhoso. Por isso mesmo, o despertar foi horroroso.

Saímos da sala e fomos nos sentar nas cadeiras do corredor. Não sei bem o porquê, mas o resultado só ia ficar pronto na semana seguinte. Talvez precisássemos de um tempo para respirar. O rapaz que operava o aparelho enorme saiu da sala e disse que as imagens estavam boas. Não entendi. Não cabia ao novo médico dizer isso? Pensei então que ele tinha vindo avisar que a chapa tinha ficado "com boa iluminação", "bem posicionada" ou coisa assim. Ainda bem que minha mãe estava atenta. A tensão nos nossos rostos devia ter sido tão óbvia que ele resolveu, informalmente, trazer as boas notícias de imediato. Ele teve que repetir umas três vezes para eu entender. Então, pulei no pescoço dele, seguida da minha mãe. Duas bochechas, duas mulheres, duas marcas de batom. Depois descemos a escada correndo à procura do meu pai. Ele estava vindo do fim do corredor. Corri até ele gritando:

– Papai, papai, não é no osso. Vou ficar boa!

Pulei nos seus braços e ele quase não aguentou, perdendo o equilíbrio. Depois ele me contou que aquele foi o momento que mais o marcou de todos aqueles dias funestos.

Mas os exames ainda não tinham terminado. No dia seguinte, eu tive que voltar para uma punção da medula. Eu não queria voltar de jeito nenhum. Odiava o meu novo médico e tudo o que a ele se referisse. Ele me avisou da dor, mas a essa altura já não estava dando a mínima. Então, ele pegou uma agulha específica, com uma espécie de estilete dentro, e os fez sumir, indo na direção do meu quadril para perfurá-lo.

Fiquei com um buraquinho no lugar, onde a enfermeira colou um curativo grande e branco.

– Pronto, isto fica por cima. Você se saiu muito bem, viu?

Era uma enfermeira muito amável com um corte de cabelo *à la garçon* e brincos chamativos. Imediatamente criamos uma ligação, provavelmente porque ela ainda se lembrava da minha mãe. Ela segurou as minhas mãos e me olhou de frente.

Eu tremia de medo. Medo dos médicos com suas palavras aterrorizantes. Medo do câncer. E, sobretudo, medo do que ainda estava por vir.

Sábado, 29 de janeiro de 2005

Com ambas as mãos, mostro os dedos médios vigorosamente apontados para cima. É sábado e tudo está diferente. Não, hoje de manhã não fui ao mercado e nem tomei café na Westerstraat. E não, neste fim de semana não estou me preparando para um novo semestre letivo. No próximo dia 31 de janeiro tenho que me apresentar no OLVG para a primeira sessão de quimioterapia. Toda semana, nos próximos dois meses, serei esperada para uma nova injeção de vincristina, etoposida, ifosfamida e não sei que outra *ida* ou *ina*.

Estou em frente à câmera, com o Mick Jagger ao fundo irrompendo das minhas caixas acústicas. Adoro a voz crua do Mick Jagger e o rock pauleira que saem da guitarra do Keith Richards. E adoro a câmera. Pedi ao Martijn, fotógrafo e amigo ao mesmo tempo, que registrasse a Sophie antes do câncer e de ficar careca.

Sou emotiva. É a primeira vez desde a última quarta-feira que não sou consolada e nem consolo, mas nos meus movimentos e no meu rosto, que revejo na tela digital do Martijn, percebo que as minhas emoções ainda passam zunindo por mim com a mesma velocidade dos últimos dias. Meus olhos despertos brilham. Eu consigo me soltar completamente e isso dá uma sensação fantástica. Sinto medo e força ao mesmo tempo, mas neste momento, diante da lente, mais força do que medo. À merda com o câncer. À merda com o OLVG. E à merda todos aqueles jalecos brancos.

Segunda, 31 de janeiro de 2005

VITA BREVIS. É o que se lê na fachada da casa em frente, do outro lado do canal. É a casa mais alta e larga do quarteirão, superando em muito todas as outras. Por causa da sua posição, parece se impor diante da nossa. E depois que o olmeiro morreu, isso já não passa despercebido.

Vita Brevis. Uma casa do século XVI com mais de quatrocentos anos. Os primeiros moradores compreendiam bem o significado das palavras.

Junto as minhas coisas e vou de mala e cuia para frente de casa. Como se estivesse saindo de férias. Meu pai põe as minhas tralhas no carro. Minha mãe, minha irmã e eu assistimos. Para eles, tanto quanto para mim, trata-se de uma aventura estranha e horripilante, com a única diferença de que eu sou eu e eles, eles. Ainda não dá para ver que é só em mim que o câncer está. A diferença aparece só no hospital, há uma única cama reservada à minha espera. Todos aqueles olhos assustados. Como se perguntassem: como é sentir que possivelmente – e se interpreto bem o médico, provavelmente – se vai morrer?

Sinto a morte por perto nos últimos dias. Chegando à minha seção, a C6, sou colocada numa cama de um quarto coletivo, apesar de ter olhado para meu novo médico, o Doutor L., com lábios de descrença, na esperança de ganhar um quarto separado para a minha própria miséria. O Doutor L., ou melhor "Doutor-Não-Sou-Simpático-Mas-É-Para-o-Seu-Bem". Também apelidado "Papo-Para-Boi-Dormir". Uma velha se arrasta pelo chão perto da sua cama soltando uns guinchos que eu só imaginava cabíveis na ala psiquiátrica. Imediatamente jorram as lágrimas dos meus olhos. E imediatamente se envia o enfermeiro Bas, cama vai e cama vem, para aprontar um quarto só para mim.

Passamos por uma sala comunitária com muitas enfermeiras e alguns médicos. Olhamo-nos uns para os outros com um sorriso cauteloso. No meu novo quarto, dirijo-me tensa para a minha cama, com meus pais e minha irmã, igualmente tensos, alguns passos atrás.

A enfermeira que me acompanhará nos próximos dias tem o cabelo ruivo com longos cachos e covinhas bem marcadas. Chama-se Hanneke. A Hanneke está igualmente à vontade para me contar que vou ter um banheiro só para mim e para me informar que vou perder os cabelos em três semanas. Puxo um pouco o cabelo e tento imaginar como é a cabeça que está por baixo. Meus cabelos nunca foram uma floresta muito densa, mas hoje estou mais do que satisfeita com os meus penachos.

– E as sobrancelhas e os cílios? – pergunto.
– Também, provavelmente.
– E os pelos pubianos?
– Também.

Que bom, xoxota de menininha então. O Bas me conecta ao soro e ficamos esperando chegarem as bolsas da quimioterapia. Ele é careca e usa uma corrente grossa no pescoço. Razões para passar a chave na porta, poderiam pensar; mas não, ele não passa de um ursinho de pelúcia grandão. Com muito jeito, ele conecta essas novas bolsas também, junto das muitas bolsas de líquido que ornam o ambiente, penduradas no suporte. IFOSFAMIDA, VINCRISTINA e DACTINOMICINA. Recebo a quimioterapia por três dias, o que pode durar bem umas oito horas por dia. As enfermeiras não param de trazer as bolsas de soro. Depois ainda tenho que fazer a depuração por mais dois dias. A Hanneke faz alguma coisa com o meu tubinho e ele passa de transparente a amarelo.

– É isso que é a quimio?
– É.

Muito concentrada, sigo a corzinha amarela, que vai ficando cada vez mais comprida e cada vez vai chegando mais perto de mim. Olho para o meu pulso e não sei se quero encolhê-lo para longe dessa droga amarela ou se quero deixá-lo ficar como está.

– Já vou começar a vomitar?
– Pode ser – diz a Hanneke –, mas não obrigatoriamente, viu? Hoje em dia temos ótimos medicamentos para o enjoo.

Dexametasona é como se chama uma dessas maravilhas supostamente bem-intencionadas. Poucas horas depois, estou lá como um baiacu inchado por causa de todo o líquido retido no meu corpo. Não é para vomitar, mas é como se já o tivesse feito. Isto é muito pior do que vomitar. Finalmente vem uma golfadinha. Ainda dá para sentir o cheiro do último bocado da comida: sanduíche de atum. Salada de atum? Nunca mais, obrigada.

Não vomitei bile e também não fiquei a noite toda na privada. Meu primeiro golpe de sorte.

Terça, 1º de fevereiro de 2005

Cada um na minha família assume uma nova tarefa. Nesta semana, minha mãe fica comigo 24 horas por dia para dormirmos juntas na tentativa de escapar do nosso pesadelo. Mas não se dorme muito por aqui. De manhã, cedo demais, somos acordadas pelas enfermeiras, picadas de agulha e moças do café do turno da manhã. São sete e vinte. Na minha posição de cancerosinha preciso muito da minha mãe. Toda vez que vou ao banheiro, ela me desconecta da tomada onde o suporte do soro está ligado e quando estou passando tão mal que não consigo me levantar, ela escova os meus dentes com uma mão e segura com a outra uma escarradeira debaixo do meu queixo. Assim ela ajuda as enfermeiras a cuidar de mim e dorme um pouco quando vou dormir.

Meu pai agiliza tudo o que tem que ser providenciado, verifica as credenciais do meu médico novo com seus amigos médicos e procura no Google tudo que pode sobre a minha doença. Além disso, nos últimos dias ele estabeleceu com meu médico um relacionamento melhor do que o meu. Já houve momentos em que eles conversavam entre si enquanto eu olhava para o outro lado. Depois, ele me deixa a par do que conversaram, poupando-me felizmente de todo aquele palavreado científico. Bem que eu poderia passar sem o contato com o Doutor L. Ele me provoca tanta repulsa quanto a minha doença. Meu pai se dedica ao *networking* e isso é praticamente tudo o que sei sobre o que o ocupa entre nove da manhã e nove da noite. Por meio dessa rede infinita, ele descobriu algo sobre um hospital nos Estados Unidos, Mayo Clinics, e fez disso o seu novo projeto.

Só me dou conta do quanto minha doença é rara quando me arrasto para trás do computador e digito "rabdomiosarcoma". 846.000 ocorrências encontradas em 0.17 segundos:

> Sinais Que Podem Indicar Câncer na Infância: Rabdomiosarcoma
> O rabdomiosarcoma é um tumor altamente agressivo e maligno que corresponde a mais da metade das ocorrências de sarcomas de tecido mole em crianças.
> Ele tem origem no "rabdomioblasto", uma célula muscular primitiva. Em vez de se diferenciar em células musculares estriadas, o rabdomioblasto passa a multiplicar-se descontroladamente. Como esse tipo de músculo ocorre em todas as partes do corpo, os tumores podem aparecer em regiões diversas.
> Tratamento: o rabdomiosarcoma é tratado com uma combinação de cirurgia, quimioterapia e radiação.
> Estatísticas:
> - É responsável por 5 a 8% dos cânceres na infância.
> - 70% dos casos de rabdomiosarcoma são diagnosticados nos primeiros dez anos de vida.
> - Normalmente afeta crianças entre as idades de 2 a 6 e 15 a 19.
> - O pico da incidência está na faixa de 1 a 5 anos de vida.
> - Em média, 50% das crianças diagnosticadas com rabdomiosarcoma têm uma sobrevida de 5 anos.
>
> http://www.acor.org/pedonc/diseases/rhabdo.html

Vou clicando depressa. Quanto mais câncer, menores as esperanças. E, neste momento, já não tenho mais nenhuma. Todas me foram tiradas. Não consigo ter prazer em nada. Nem em comer, nem no meu jeans e nem no livro do criado-mudo. Já não dou a mínima nem para a dor que sinto quando me espetam o soro e nem para vomitar num balde que minha mãe esteja segurando. Ainda não me tinha sentido tão vazia.

Minha irmã providencia tudo o que se refere à manutenção da casa. E isso inclui muito mais do que pôr a ração do nosso gato, agora já senil e totalmente cego, ou colocar o lixo para fora às segundas e quintas. Ela cuida para que meu pai não pule as refeições e para que minha mãe tenha pequenas surpresas com telefonemas, sanduíches e revistas femininas. De onde ela tira tempo para ainda trazer uma massa, uma sopa orgânica fresquinha, um creme para o corpo e um sorriso fulgurante, não sei dizer. Mas ela sempre dá um jeitinho.

A tarefa que sobra para mim é simples: primeiro ficar péssima e depois melhorar. E é isso que eu faço. Já estou no modo de operação "sobreviver e nada mais". Passo o tempo deitada na cama, angustiada e doente, mas também decidida a deixar para trás toda essa história de merda. Fico tensa toda vez que a porta abre e por ela entra o meu médico horroroso acompanhado dos seus colegas igualmente horrorosos. Ele bate à porta, mas só por hábito e não com a intenção de avisar o paciente da sua visita. Como ele me dá arrepios! Sempre que ele vai abrir a boca, imagino-o sem a cabeça. Como são horríveis os sons que saem de lá!

Quarta, 2 de fevereiro de 2005

– Olha, do jeito que ela está não pode ficar. Se você não fizer algo imediatamente, assumo eu mesmo o caso dessa menina.

Do meu quarto, ouço a voz do Jan e o riso do Jochem e do Doutor L. no corredor. Este último parece um pouco nervoso e desconfortável.

Minha cabeça inchou e está do tamanho de uma bola de futebol e da cor de um tomate; e meus braços estão disformes. O Jan e o Jochem não deixam de notar que, se comparado com ontem, estou uns três quilos mais gorda.

– Ué, pequena, seu rosto está mais cheio, sinal de saúde. E está com uma cor muito boa.

O Jan trouxe umas revistas femininas jovens e um suco fresco de mirtilo.

– Para antes do anti-não-sei-o-quê.

O Jochem também trouxe duas garrafas vermelho-escuras onde se lê "Baga de Sabugueiro".

– Pedi o que tivesse mais vitaminas – disse ele de mansinho.

– Vai te fazer muito bem, foi o que disse a senhora que fica no balcão.

Ele se abaixa e me dá um beijo no rosto.

Além da minha família e da Annabel, quatro das poucas pessoas que quero ter por perto nestes dias são o Jan, o Jochem, o Rob e o Martijn. É a segunda vez que eles vêm me visitar. Da última, eu ainda estava sob os cuidados do Doutor K. e eles ficaram esperando comigo no primeiro andar, na radiologia. Estava lá para tirar novas chapas dos pulmões. O Jan me trouxe um pirulito colorido em forma de coração. O Jochem, uma flor e, claro, umas revistas, pois disso ele nunca esquece. Depois de tomarmos um café no átrio, eles me acompanharam até o quarto no andar do Doutor K. Lá levei uma picada para saber se não tive tuberculose. Já por causa dessa picada, o Jan quis armar uma cena: que não se atrevessem a me causar dor e que ficassem longe de mim.

Hoje somos novamente importunados por uma picada. O enfermeiro Bas tem que pôr outro cateter, pois o de ontem escapou. Quando o Bas aparece com a sua agulha, noto nas expressões do Jan e do Jochem que eles começam a achar toda aquela situação incômoda. Eis-me aqui, a Sophie que de repente parece um baiacu doente tomando soro. Não falam nada, nem um gracejo. Quase de mansinho, saem para o lado e retomam a conversa com os jalecos brancos do corredor.

Sexta, 4 de fevereiro de 2005

Batem à minha porta. É o grosseirão da Pneumologia que me deu as más notícias. Coitado, substituiu o meu querido Doutor K. justo naquele dia.

Levo um susto quando, de repente, aparece o rosto dele pela cortina que separa minha cama do hospital e tudo o que nele perambula, vomita e geme. Ele quer saber como as coisas estão. Zonza dos remédios, conto-lhe que vão bem. Tá bom, então... Não sei porque, mas eu digo sempre que as coisas estão indo bem a todo o mundo que quer ouvir exatamente isso. Que eu vou ficar boa de novo.

O infeliz vai embora e a figura longilínea do Doutor L. aparece com um harém de colegas. Está claro que eles se acham muito importantes – e eu também –, pois a turma inteira, sem avisar, veio fazer formação em torno da cama de uma paciente de quimioterapia num momento inconveniente.

– Bom dia, viemos ver você – diz o Doutor L.

É, deu para perceber. Cautelosos, meus olhos deslizam pelo ajuntamento de médicos desconhecidos da seção de Oncologia/Hematologia, a minha seção, meu ponto final, em busca daquele médico em especial. Daquele da seção de Pneumologia. Aquele que depois dos seus procedimentos médicos, tão delicadamente colocou a minha camiseta suada de volta nas minhas costas nuas. Aquele que passava todos os dias para me ver e, tendo tempo, não só perguntava pelo meu estado de saúde, mas também pelo das personagens dos livros que tinha trazido para espantar meu tédio. Mas o Doutor K. não está mais entre eles.

Há algo de estranho no Doutor L. hoje, pois ele está sorrindo.

– Tenho duas boas notícias. A primeira: temos os resultados definitivos do laboratório e os seus ossos estão intactos. Dois: estudamos as suas chapas mais ainda e chegamos à conclusão de que o tumor original não está aderido ao fígado, mas junto dos outros todos, na pleura. Isso significa que os tumores estão restritos ao tórax e ainda não se alastraram para o abdômen direito.

– Ah, bom.

– As agulhadas que você sente no fígado são um reflexo. Portanto, ainda existe a possibilidade de metástase, mas não de órgão para órgão – entenda-se do fígado para o pulmão – e isso pode tornar o seu prognóstico mais favorável.

Silêncio. Ainda não estou entendendo bem tudo isso. Fígado, medula, ossos, mas minha mãe solta um grito agudo e desata a soluçar. Fim do silêncio. Aos poucos, entendo que essas são notícias muito boas. Fígado = sem tumor. Fígado = sem tumor. Fígado = sem tumor. Àquela altura já tinha sido informada por todos os rostos com expressão sombria à minha volta que câncer no fígado significava, via de regra, uma lápide no cemitério de Zorgvlied. Mas não me atrevo a comemorar. Sabe-se lá se amanhã não me chega o Doutor L., tendo acabado de examinar melhor as chapas e...

– É capaz de você começar a receber notícias como esta com mais frequência – diz ele, dando meia-volta para ir ver o resto dos seus pacientes.

Quinta, 17 de fevereiro de 2005

Fios de cabelo no meu travesseiro quando acordo. Fios de cabelo na minha escova, mais do que de hábito.

Tristeza na pia.

Uma hora depois estou sentada numa cadeira e, pelo espelho, olho para uma mulher que está em pé atrás de mim. Mãos desconhecidas mexem nos meus cabelos que caem aos milhares. Cada minuto conta.

Pouco a pouco me vejo ficando careca e isto porque ainda ontem os lavei como sempre. Mas isso é passado, o agora é hoje. Vou precisar de uma peruca, certeza.

É a quarta loja de perucas que visito, mas ainda olho sem jeito para tudo à minha volta. Às duas primeiras, fui com a minha mãe no ano passado, quando, por causa do seu câncer de mama, ela teve que passar por toda essa mesma miséria de ficar careca e experimentar perucas. Péssimas lembranças daquelas cabeças nas vitrines, maquininhas de raspar cabelo e, em ambos os casos, uma vendedora com quem era impossível se comunicar. Minha mãe usava o cabelo sempre preso num coque. Agora está curto e escuro. Ela foi operada duas vezes, uma seguida da outra, a segunda para remover mais uma parte do seio. Só depois do exame microscópico verificou-se que a segunda operação era necessária, assim como cinco semanas de radioterapia no Hospital Oncológico Antoni de Leeuwenhoek (ALV) e quimioterapia no ambulatório do OLVG. Ainda que tudo tenha acabado bem, na época foi muito estressante. O palavreado do médico ia ficando cada vez mais ameaçador, de uma cirurgia a uma nova cirurgia, chegando à radioterapia e à quimioterapia. Esta última palavra provocou pavor em nós tão logo foi ouvida. Quimioterapia. Careca. Morta. Do ponto de vista emocional, tudo isso está tão próximo. No mesmo lugar em que minha mãe passou pela quimioterapia, agora eu que sou tratada. As enfermeiras ainda nos conhecem. O lugar é igualzinho ao de *Sex and the City* no episódio em que as quatro tomam sorvete em volta do soro da Samantha. A única diferença é que não tomamos sorvete, e sim comemos biscoitos champanhe.

A mulher traz várias caixas de papelão que ocultam no seu interior todo o tipo de cabeleiras. Os penteados ficam escondidos em caixas, em vez de serem mostrados em manequins.

– Desculpa – digo –, de uma hora para outra está tudo acontecendo tão rápido.

As minhas fotos, as com o meu cabelo natural, estão espalhadas pela mesa. Fios de cabelo caídos nos meus ombros e joelhos, no assoalho da mulher desconhecida. Perucas. Guns N' Roses na minha cabeça.

A Annabel e seus cabelos pretos e brilhantes. A minha irmã, como ela é linda! O cabelo curtinho da minha mãe, onde sempre vejo um pouquinho mais de câncer. O hospital.

O que é que estou fazendo aqui?

Só queria três coisas: desaparecer daqui, esconder-me e fazer aquele gesto com o dedo médio para cima, mandando tudo às favas.

Sábado, 19 de fevereiro de 2005

– Puxa, você está parecendo a moça do Vermeer, sabe? A do brinco!?

Ainda é um pouco melhor do que as associações evocadas pelos meus novos cabelos. Depois de uma sessão renitente em frente ao espelho, com as bandanas da Annabel e o laquê de um frasco branco esquisito que veio de brinde com a peruca, desço por volta do meio-dia para a cozinha. Minha mãe e sua amiga Maud estão tomando café. Sorrio, dou um beijo na Maud, encho a chaleira e desapareço em direção ao espelho.

– Verdade, viu, parecem gêmeas – insiste a Maud. Minha mãe está radiante. Coço a cabeça com irritação, numa tentativa frenética de livrar-me da coceira. Preciso urgentemente me livrar dos últimos cabelos, penso.

Em cima da cômoda à minha frente há uma agenda grande, daquelas que executivos utilizam para se planejar. É um lembrete das minhas próximas cinquenta e quatro semanas de tratamento, cheias de quimio e radioterapia. Nossas cinquenta e quatro semanas. Vamos eliminando uma por uma fazendo um X. Na nona, vou ter a primeira avaliação.

Vão fazer uma tomografia para ver se valeu a pena vomitar daquele jeito. Tudo isso é horrível. Um novo medo, que vai se tornando cada vez mais concreto por mais que eu me esforce para esquecê-lo. Mas também não ouso imaginar uma reviravolta positiva no meu prognóstico depois desse dia. Isso só tornaria o golpe mais duro ainda de suportar. Prefiro ficar no pior dos cenários: Sophie, um caso terminal. Pego a nossa gatinha Saartje e seguro-a com força, interrogando-me quem sobreviverá a quem. Foi nessas semanas que tomei, de fato, consciência da morte pela primeira vez. De ser um ser humano que é parte de um todo maior, do processo natural de nascer e morrer. Essa compreensão me deixa menos insegura e torna a morte menos estranha, ameaçadora e assustadora. Só temos a lamentar que a nossa vez tenha chegado.

Hoje é o primeiro dia em que, além do rímel, também trouxe a peruca comigo. Até que não fiquei tão mal assim. Eu ando por aí com os chinelos macios da minha mãe e o roupão branco e felpudo que ganhei do namorado mais legal do mundo. Infelizmente ele não é o meu, mas o namorado da minha irmã. Seja como for, eu também tiro vantagens. O filme que está agora em cartaz na minha vida é o de ganhar, ganhar e, mais uma vez, ganhar. Sejam flores, iPods ou abraços cheios de amor. Eu, de minha parte, não tenho tanto a dar no momento.

Sinto-me sem forças e pesada, mesmo tendo sobrado pouco do meu peso. Na balança: outra vez um quilinho a menos. Nesta semana isto está acontecendo praticamente todo o dia. Descobri a dieta ideal: o medo, o estresse e os suores do câncer. Já faz alguns meses que os suores noturnos tinham começado, mas nunca tão severos como agora. Acordo mais de uma vez por noite, transpirando em bicas e tremendo. A barriga chupada para dentro, as costelas arfando. Por todo o lado, tudo molhado, suado e inundado em lágrimas.

Alguma coisa está acontecendo em algum lugar dentro do meu corpo e não tenho como controlar. É nesses momentos que meu medo atinge o máximo e minha doença fica mais próxima.

"Febre tumoral" é como se chama. Surge todas as noites por volta das nove. Nesta madrugada, às quatro e meia, troquei mais uma camiseta molhada. Fedia a suor tumoral. Ao lado da cama havia quatro, duas úmidas e nojentas e duas limpas e secas. A cada manhã, todos os olhares se voltam para a montanha de camisetas molhadas ao lado da minha cama. Diminuindo essa pilha, diminuíam também os tumores no meu corpo, sinal de que a quimioterapia estava fazendo efeito. Minha mãe pega uma camiseta seca e me ajuda a vesti-la.

Nestas últimas semanas, voltei a dormir como a menina Sophie, ao pé da cama dos meus pais. É nesses momentos que fico pior: medrosa, fraca e só, mesmo com meus queridos pais ao lado:

– Papai, estou com medo.

– Sophie, você é tudo para mim – diz ele, abraçando-me com força.

Com medo, abandono-me no abraço do meu pai. Ficamos grudados. Não demora muito para que minha mãe se junte a nós.

– E se eu morrer? – Agarro-me ainda mais e olho para fora por cima dos ombros do meu pai, através de uma fresta na cortina. A fresta dava para ver apenas um pedacinho da noite. Uma árvore desfolhada, uma tripinha de luar, um fundo escuro.

– Você não vai morrer – ouço minha mãe dizer.

– Mas e se eu morrer mesmo? Se os tumores não desaparecerem? Estou com tanto medo da tomografia.

Não só os meu olhos, mas também minha barriga chora em movimentos espasmódicos.

– Nós também, Sophie. Nós também.

Meu pai me olha desalentado. Gostei de ele deixar eu expressar os meus maiores medos nesta noite, sem tentar me cortar.

Continuo em pé em frente à cômoda e coço a cabeça de novo. Os poucos cabelos mortos que ainda restam coçam terrivelmente e têm um aspecto medonho. Resolvo não esperar que o resto caia, telefono para a minha tia Kristien e pergunto se ela não pode vir me visitar trazendo uma máquina de cortar cabelo.

Meia hora depois, ela já está à minha porta. A Maud se levanta e nos deixa a sós.

– Esta aqui é ótima. Acabei de pegar lá na Nikki, uma conhecida do tempo em que trabalhava como cabeleireira – diz a tia Kristien.

Ela e minha mãe seguram o espelho. Aperto o botão de ligar. Estamos sentadas à mesa da cozinha, todas com o olhar fixo nas minhas mãos que, com cuidado, mas também decisão, conduzem a máquina pela minha cabeça, cada vez mais à mostra.

Alguns minutos depois, está feito. Totalmente lisinho. Acho o resultado repulsivo, mas me consolo com o pensamento de que a Demi Moore fez o mesmo no filme G. I. Jane do Ridley Scott e mesmo assim continuou a ser um mulherão. Nas semanas seguintes, evito todo e qualquer espelho que esteja por perto. Odeio minha cabeça nova, com ou sem peruca.

Segunda, 14 de março de 2005

Passaram-se exatamente sete semanas desde a minha primeira internação na seção C6 e estou de volta ao elevador do OLVG para a minha segunda. Isso vai se repetir mais duas vezes nas próximas nove semanas, na primeira e na sétima. As outras aplicações não duram mais do que umas horas e são feitas pelo atendimento ambulatorial. Mas isso só é possível dentro do primeiro bloco – as primeiras nove semanas. Depois disso, mais umas vezes durante o dia inteiro. Tenho um cronograma complicado que nem eu entendo direito. Mas os médicos adoram um pouco de confusão. Sobra pouco tempo para outras coisas, porque eu preciso descansar muito e ainda monitorar o meu sangue todas as sextas-feiras.

Hoje é aniversário de vinte e cinco anos da minha irmã. Um quarto de século. Sempre soube que gostava muito dela, mas saber e sentir são coisas completamente diferentes. Agora eu sinto, constantemente. É mais forte quando ela está cuidando de mim, mas também sinto quando ela se senta ao meu lado na mesa da cozinha, absorta no seu estudo de Comunicações.

Cada vez mais consigo ter pequenos prazeres: escovar os dentes, fazer compras, me vestir, ver televisão, tudo é uma grande festa se comparado a ficar doente e morrer.

O Doutor L. vem me ver para saber como estão os efeitos colaterais e a cor das minhas faces. Ele olha fixamente, balbucia alguma coisa e prossegue imediatamente à ordem do dia:

– Você já tem queixa de formigamento nas pontas dos dedos? – pergunta ele. – Temos que ficar de olho nos efeitos colaterais da Vincristina, porque não vão ser poucos.

Faço que não, meio sem jeito. Por outro lado, desde a quimio, sinto fisgadas por todo o corpo. Como se, com o começo da luta contra a doença, a tivesse atiçado perceptivelmente. Começo a me perguntar por que a maior parte dos frequentadores da seção C6 não são chamados de pacientes de quimioterapia, em vez de pacientes de câncer. É difícil fazer distinção entre as pontadas de dor que sinto por causa do câncer daquelas que sinto por combatê-lo. Às vezes sinto medo de que o câncer esteja por todo o meu corpo. Mas esse medo um dos médicos-assistentes do Doutor L. já conseguiu tirar da minha cabeça. Pena que o Doutor L. não tenha esse dom.

– Sua hemoglobina está um pouco baixa. – Linguagem médica para dizer "Você está um pouco pálida e fraca" – Vou te dar duas bolsas de sangue no fim da semana. – Transfusão – Sempre há um pequeno risco – quase de um em um milhão –, mas prefiro a transfusão ao EPO.

– EPO?

– É uma injeção de hormônios que estimula a produção de células vermelhas na medula. Mas possivelmente também o crescimento do tumor.

– Ah. Como fazem com os ciclistas?

– É, mais ou menos isso. E como está a transpiração noturna?

Ah, o Doutor L. está me provocando. Assim, como quem não quer nada, só por hábito. Os suores tumorais começaram há algumas semanas, deixando meus pais perplexos, como se estivessem hipnotizados. Nas piores noites, as roupas de cama são trocadas três vezes e as camisetas, bem umas cinco. Estou cada vez mais fraca, emagreço cada vez mais de tanto líquido que perco por todos os poros.

– Diminuindo, cada vez menos, mas esta noite suei em bicas.

– Isso não é bom – e quanto ao "cada vez menos"? – Vamos acompanhar com atenção.

Continuo a achar o Doutor L. um homem horrível e asqueroso que deixou a minha vida de cabeça para baixo. É como se ele fosse o culpado pelo crescimento desenfreado dos tumores pelo meu corpo. Pelo menos foi ele quem sempre lhes deu nome. No crachá está escrito Doutor L., mas as enfermeiras o chamam pelo primeiro nome. Por conseguinte, eu também. O boboca soa tão detestável. Ele aparece regularmente, se possível todos os dias, para ver a quantas andam as suas plantinhas. Ou, melhor dizendo: por quanto tempo ainda se aguentam. É alto, longilíneo e ostenta o título de hematologista. Está sempre com pressa e – quando está de jaleco branco pelo menos – é grosso, engessado no trato com as pessoas e completamente desprovido de talento social. Pelo menos com os pacientes, pois, com os colegas, ouço a sua risada a toda hora. Ele é claramente aquele tipo de cientista que gosta de se esconder atrás da certeza dos livros e que jamais dará um fio de esperança ao seu paciente. Ele não se envolve com a psique, afinal não é possível medi-la. Foi assim que ele nos deixou duas noites em suspenso sobre se o meu caso teria tratamento. Depois, revelou-se que a dúvida provinha mais da sua escolha de palavras do que dos meus órgãos enfermos.

Mas ele também não deixa de ser o meu médico, minha esperança e meu pajé. Meu curandeiro de poderes sobrenaturais. E com isso não quero dizer um paninho marrom de algodão enrolado na sua cruz. Não, refiro-me à verdadeira medicina, à venerável paixão e à gigantesca energia para libertar todas as Sophies dos seus pesadelos. Ninguém no meu mundo chega nem perto dele. Nem mesmo o Doutor K.

Esta é a primeira semana em que cambaleio sem cabelo pelo hospital. Tenho uma peruca, mas ainda não decidi o que acho pior: se a Sophie com o cabelo acinzentado de uma bruaca ou a skinhead. Por isso, acabei por amarrar um lenço na cabeça e já não dá para me distinguir da moça da limpeza que todos os dias aparece com um balde de cloro e um esfregão para deixar o meu quarto ainda mais esterilizado. Agora o enfermeiro Bas me chama de "carequinha". Para ele, isso de certo seria suficiente para me fazer rir. Às oito, como se eu fosse a única da seção, ele me acorda com um "Bom dia, carequinha!" e me ajuda a vestir uma camiseta limpa, o que é meio trabalhoso por causa de todos aqueles fios no meu pulso. Em seguida, ele agrada um pouco a minha careca e puxa um pouco de prosa enquanto ata uma gaze limpa no meu pulso para manter aqueles fios todos em ordem.

Recebo duas bolsas de sangue A+ para levantar de novo a hemoglobina e trocar a Sophie que se arrasta pela Sophie ligeira. É muito louca essa ideia de viver à base do sangue de outra pessoa, como se fosse uma droga, para me sentir melhor.

Talvez seja por isso que tudo fica mesmo um pouco diferente. E essa é a razão pela qual já não estou gostando tanto de bolo doce e bala de alcaçuz. E essa também é a razão pela qual agora gosto tanto de escrever.

– Lá vai você bagunçar tudo de novo.

Sei, sei. Experimente você então para ver se consegue deitar de lado com aquela montanha de tubos. Lá pelas dez e meia costumo estar debaixo do chuveiro. Demoro bastante com a loção para o corpo e outros cremes para matar o tempo. Tudo o que vou vestir tem que entrar por baixo, passando pelos pés e pelo quadril. Caso contrário, dá confusão com o soro. Continuo vaidosa. Trouxe minhas camisolas mais bonitas para o caso de o Doutor K. ou outro médico sexy vir me ver. Ou se tiver que sair da minha seção para exames e passar pelo átrio do OLVG. Tenho plena consciência da atenção que atraio quando saio por aí empurrando, meio desajeitada, o suporte do meu soro com as bolsas da quimio balançando para lá e para cá. Tão logo possa, recolho-me de novo ao meu quarto na esperança de esquecer esse ambiente. De esquecer tudo, porque ainda tenho que constatar toda manhã, quando acordo, que na minha cabeça já não nasce mais nenhum fio de cabelo.

– Oi, querida, como está se sentindo?

Viro-me na direção do som familiar. Vejo uma enorme orquídea lilás entrando pelo meu quarto com a Annabel por trás.

A Annabel e eu acabamos juntas a pré-escola e aprendemos juntas a escrever e contar na tradicional escola pública Burgtschool, no Centro de Amsterdã. Desde então não houve um dia sequer em que não soubéssemos por onde a outra andava. E, sobretudo, com quem.

Somos as duas de Gêmeos. Para dar um jeito de explicar a nossa diferença de caráter mantendo sua crença no Zodíaco, a Annabel costuma referir-se a dois tipos de Gêmeos.

Gêmeos que puxam um pouco para cancerianos e aqueles que puxam para taurinos. Eu puxo um pouquinho para canceriana, se não me engano. A Annabel acabou indo estudar Marketing e eu Ciência Política. Se a Annabel fosse homem e não se chamasse Annabel, mas Arie Hendrik, eu teria caído de paixões por ela. Felizmente para nós, não sou lésbica. A Annabel me ajuda sempre a decidir o que vestir e a desenvolver o meu gosto. Entre camisetas Missoni e bolsas Balenciaga, discutimos a minha última aula sobre painéis solares, inflação e genocídio no terceiro mundo. Tudo típico da nossa idade e do que fazemos, tampouco queremos outra coisa.

Juntas descobrimos o mundo. Quando éramos meninas, pré-adolescentes, adolescentes e agora, com vinte e poucos anos. Comemos escargots na Dordonha francesa e aqueles doces dinamarqueses no porto de Rungsted. Ficamos boquiabertas diante de uma luminária da Josephine Baker, que, junto com o castelo onde ela morou, pode ser visitada como se fosse uma peça de museu de tantos morcegos que ficam em volta. Enfrentamos nossos primeiros sargaços no mar da Dinamarca e compramos nossos primeiros sapatos femininos numa butique em Londres.

Annabel e eu só nos separamos duas vezes. Quando eu, toda alternativa, fiz uma viagem ao Himalaia e depois, quando a Annabel foi atrás da vida frenética de Nova York para fazer estágio. Ela tinha acabado de voltar quando a palavra *câncer* entrou para nossas vidas. Em Nova York, a Annabel trabalhou em uma pequena casa de moda especializada em vestidos de noiva. Fui visitá-la em dezembro para as festas de Natal e Ano Novo. Já àquela altura achamos estranho que ela estivesse sempre três quadras e dois Starbucks na minha frente, enquanto eu ainda me arrastava pelas escadas intermináveis do metrô. E que à uma e meia da noite de Ano Novo eu já dei por encerrada a comemoração e isso com um novaiorquino super legal dando sopa bem na minha frente. Pelo menos cheguei em casa com um cartão de visita, é claro; o qual, no meu último dia antes de voltar, rendeu-me uma manhã de domingo no MoMA, um início de tarde no restaurante Pastis e um começo de noite à mesa, com muito vinho tinto para acompanhar. Acordei no Lower East Side de Manhattan, muito cedo, por volta das sete, e quis voltar rápido para o apartamento da Annabel com medo de que ela estivesse preocupada. Quando acordei, dei a aventura por encerrada e tratei de, pé ante pé, procurar a minha roupa no escuro. Às oito, já estava na porta da Annabel, em algum lugar entre a Quinta e a Sexta, bem perto da Union Square.

Se não fosse pela Annabel, eu nunca saberia como é ter uma amiga de verdade que, mesmo no centro de Amsterdã, é capaz de pressentir que estou solitária em Déli. Alguém que só de olhar consegue saber o que se passa na minha cabeça. Alguém que notou na hora que eu estava pálida. Alguém que veio, de pé, no bonde nº 7 com uma orquídea crescida para além de qualquer proporção, fazer o meu quarto branco horroroso ficar um pouco com cara de casa.

– Querida! – exclamo entusiasmada. – A minha peruca está torta?

A Annabel lança um olhar afetuoso para mim e sorri.

Em seguida ajeita o meu cabelo.

– Você se dá conta de que eu logo posso não estar mais aqui?

– Já vi que não estamos muito sociáveis hoje.

Ela se senta numa cadeira ao lado da minha cama e tira os seus apetrechos de manicure da bolsa.

– Eu queria saber o efeito desse pensamento em você.

– É – ela olha para mim –, eu pareço forte, mas toda noite choro abraçada ao Bart (o Bart é o namorado dela). Mas enquanto há esperança, tento não pensar no pior.

– Ah... – um sentimento repulsivo de piedade me invade, mas as palavras dela me fazem muito bem. Quanto mais ela chora por mim, mais gosta de mim. A Annabel consegue esconder o seu sofrimento muito bem, até de mim.

– Sempre estivemos juntas – digo.
– E assim continuaremos.
– Duas semanas ainda. Tétrico, né?
– Que faltam para a tomografia?
– É.

Quinta, 24 de março de 2005

Olho para a Stella no espelho. Um homem atrás de mim está mexendo nos meus cabelos falsos. Por todo o lado há perucas expostas em cabeças de manequim. A Annabel examina uma por uma com a mesma concentração. É a mesma sensação que tinha na frutaria quando, ainda crianças, olhávamos arregaladas as framboesas, amoras e mirtilos e os misturávamos escondido.

Hoje entramos na loja de artigos para teatro, pois sempre me pergunto de onde saem todas aquelas belas criações que a Samantha do *Sex and the City* usa. Ganhei de presente uma caixa de DVDs do Franken e do Kok, donos do café que costumo frequentar. A Samantha aparece na minha tela toda noite com um penteado diferente, um mais bonito do que o outro. Estou convencida de que ainda vou tirar algum proveito de toda esta situação e, no final, acabarei com um belo cabelão. Não quero mais ficar escondida debaixo de uma peruca, ainda mais quando, apesar de tudo, sinto-me jovem. Também não quero um chapéu que me faça ficar dando encontrões em cada um em quem resolva dar um beijo.

É o primeiro dia em que a Annabel me verá careca. Tenho medo de que ela não me reconheça com a peruca diferente e que acabe por assustá-la. Tomo coragem e tiro a peruca com receio.

Annabel sorri e agrada várias vezes a minha careca rosada.
– Bem lisinho – diz.
Nó na minha garganta.

A minha cabeça recebe vários penteados e, de repente, lá está a Daisy. Vimos na hora que ela veio para ficar. Com cachos cheios e loiros caindo até os ombros, observo a garota desconhecida no espelho. Fantástico poder passar os dedos entre os cachos compridos que só conheço em sonhos. E um rosto completamente diferente, desabusado e atrevido. Por cima da peruca, Annabel coloca com esmero uma bandana cor-de-rosa e segue tranquilamente avaliando as perucas. Volto com um penteado ousado – que mais tarde rebatizarei de Sue – cheio de tufos ruivos arrepiados.

Saio da loja com dois penteados novos, duas novas personagens. Sou geminiana e não consigo fazer escolhas.

Pouco a pouco começo a achar graça nessa metamorfose e passo a preferir o que compro na loja de artigos para teatro do que na loja de departamentos H&M. Refiro-me a elas pelo nome porque cada peruca faz com que me sinta um pouco diferente. Uma outra mulher. Não sou a Sophie, mas a Stella, com meu cabelo de bruaca careta; a Daisy, uma verdadeira Barbie de cachos compridos; a Sue, de cachos ruivos louquinhos e a Blondie, de chanel loiro. A Blondie é de cabelo de verdade e, portanto, de longe a mais cara. Oitocentos euros. Ridículo. Mas a mana me olhou e pronunciou as palavras mágicas: "Vejo a minha maninha no espelho, linda de novo".

As loiras é que ditam as regras e têm precedência. São elas que recebem mais atenção, taças de vinho e favores das pessoas de sua convivência, pelo menos dos homens da sua convivência. E isso não é pouco.

Sábado, 26 de março de 2005

Uma peruca é muito mais do que um chumaço de cabelo. Elas têm um certo efeito sobre mim, não só na minha cabeça, mas também na minha consciência feminina. Ter uma aparência diferente faz com que me sinta diferente e provoca reações diferentes nos outros. Stella, Sue, Daisy ou Blondie. Ter a Daisy posta na cabeça muda tudo. Uma transformação completa. Cachos compridos que se espalham pesados pelas minhas costas. Meus sapatos italianos de salto de repente se transformam em botas pesadas de uma prostituta, meu jeans justinho se transforma em uma legging e meu decote inocente, numa grande atração. É por isso que eu gosto tanto da Daisy. A Daisy consegue causar a maior sensação quando dá uma paradinha para descansar antes de adentrar um ambiente balançando maliciosamente os seus caracóis. Todos ficam curiosos para saber quem é a mulher por trás daqueles cachos mágicos.

Na pele de Daisy, gosto de coisas completamente diferentes do que quando sou Sue, Stella ou Blondie. Como Daisy, gosto de atrair todas as atenções para mim. Balançar com gosto os meus cabelos fartos, rir de cada piada boba que contam, tomar *milkshake* em vez de suco de tomate, o que deixa os meus lábios brilhantes e rosados. Então *Desperate Housewives* me apetece mais do que ouvir uma aula sobre Virgílio do meu amigo Jaap e é preciso pintar as unhas do pé de vermelho. Sonho em dar umas escapadelas com o Doutor K., mas isso eu já faço toda hora, independente da peruca. Como Sue, tenho algo que me põe à frente da maior parte das mulheres: cabelos ruivos luxuriantes. É fácil causar impressão sem ter que rir de piadas bobas ou chacoalhar meus cachinhos.

Contudo, as quatro mulheres têm algo em comum. Por trás de todas elas, oculta-se algo da Sophie. Uma Sophie que, meio sem jeito, por cima dos ombros dessas mulheres, observa seu desempenho. Uma Sophie que cresce ao imitá-las. E uma Sophie que testemunha sua própria transformação ao ver essas mulheres em ação e observa-as com muita atenção para ver como elas se saem.

Essa Sophie percebe quanto a Daisy, a Blondie, a Sue e a Stella, juntas, são uma nova Sophie.

Domingo, 27 de março de 2005

O relógio da parede indica quatro e meia e já está escuro lá fora. Depois de uma longa semana de quimio, encontro-me sentada no sofá com as pernas encolhidas e vestida no melhor estilo estou-sem-vontade-de-tomar-banho-porque-daqui-a-pouco-já-vou-de-volta-para-a-cama. É surpreendente como as pessoas sempre partem do pressuposto de que, sempre que possível, prefiro ficar sem a peruca a ficar com ela. É como se bastasse ouvir a porta da frente fechar atrás de mim para imediatamente me livrar daqueles cabelos de araque. Tipo: "Sumam daqui, cabelos!".

Mas não é assim. Na verdade, eu esqueci que levo algo na cabeça que não foi a natureza que pôs ali. Já me acostumei a tal ponto que tenho minhas perucas sempre numa cesta ao lado das bijuterias, como se elas sempre tivessem estado lá como parte do meu guarda-roupa. Ou mais ainda, como parte de mim.

Deitada de quimono, com as unhas do pé recém-pintadas de vermelho, divido minha atenção entre digitar algo no laptop que tenho no colo e assistir à *Bridget Jones* na TV. Identificação total, mesmo para uma garota de vinte anos. Esse é o melhor tipo de distração contra aquilo que não me sai da cabeça: a tomografia, 31 de março. Levanto e tiro a Daisy da cabeça. Enquanto procuro a Sue, minha mão direita desliza pela careca. A aparência não é boa, mas é gostoso de sentir. Bem lisinho. Antes de trocar de cabelo, fico olhando a minha imagem refletida no espelho. Felizmente minhas bochechas assumiram sua antiga proporção, o baiacu desapareceu. Tento me achar bonita, em vão. Tento me achar apenas, em vão também. Coloco rápido os cabelos da Sue na cabeça e vou me aninhar de volta no sofá.

Quinta, 31 de março de 2005

Inspirar fundo, expirar fundo, mas principalmente não me mexer. Como de hábito, tive que tirar as bijuterias e o sutiã também, mas pude ficar de vestido por causa do frio. Para o exame, estou deitada numa mesa estreita. A mesa desliza devagarinho para dentro de um túnel curto no qual entro até a cintura. O objetivo é cobrir o tórax e o abdome.

Na agenda, oito cruzinhas.

31 de março.

Horário nobre.

Estou deitada imóvel. Meus pensamentos derivam para os dois últimos meses que, por terem transcorrido como uma vida à parte, duraram muito tempo, embora também tenham passado muito rápido. Sinto uma distância enorme da vida que levava até dois meses atrás. Tudo está tão mudado: meus dias, mas sobretudo o meu futuro. Engulo a saliva bem devagarinho para não interferir no trabalho dos radiologistas. Não demora muito, talvez dez minutos. Mas fico fora do quarto por uma meia hora, algo não deu certo com a injeção de contraste. Eles dizem que as minhas veias dão trabalho, são profundas. Pelo que tenho ouvido e lido, dizem a mesma coisa a todo o mundo. Provavelmente, não treinaram o suficiente um no outro. Que se picassem à vontade antes de me dispensarem com cinco manchas azuis.

O Doutor L. vai tentar me telefonar antes do fim de semana. Assim eu não vou ter que passar em suspenso um fim de semana inteiro. Mas se devo ficar contente com isso, já não sei. Prefiro um fim de semana de esperança a saber que tenho um fim de semana a menos de vida.

Seis horas. Toca o telefone de casa. Eu nunca atendo – não suporto interesse bem-intencionado –, mas nesse momento estou em pé bem ao lado do aparelho e o botãozinho já está apertado antes mesmo de eu me dar conta. Do outro lado da linha, uma voz que faz a minha respiração acelerar e depois parar, estou transpirando pelo corpo todo... É o Doutor L.

– Bom, Sophie. Olhei as chapas imediatamente. O laudo oficial ainda não ficou pronto, mas... – e ele despeja toda uma longa história pela qual não tenho o menor interesse. Parece que ele esqueceu que sou a paciente e não compartilho da sua paixão pela ciência.

O meu mundo encolhe ocupando só aquele canto da cozinha onde acabei de atender o telefone. Tudo se silencia: a conversa entre minha mãe e a vizinha, que há três minutos me apareceu com flores frescas, e também o barulho da rua. Só a minha respiração e a do Doutor L.

– Tudo certo? – pergunto tensa.
– Sim, Sophie, está tudo certo.
Um suspiro comprido e profundo.
– Você está satisfeito? Contente?
– Estou, Sophie. Estou muito contente.
Gritaria na cozinha da família Van der Stap.

Segunda, 4 de abril de 2005

Felizmente, para mim, não faltam outros pacientes de câncer solitários ou ex-pacientes de câncer que conheçam e compreendam os meus pensamentos e as experiências malucas. A palavra é *compartilhar*. E compartilhar é algo que me dá calafrios.

O Noordermarkt está movimentado hoje. Compradores, vendedores, pão, cogumelos, flores, gente nas cadeirinhas da calçada, torta de maçã. Muito sol e um céu azul. Acabo de chegar ao café De Winkel para encontrar um homem. De óculos escuros grandes, uma faixa preta no cabelo, copiosos cachos compridos na cabeça e cheia de expectativas, procuro um garoto que se possa chamar

Jurriaan. A razão é que o Jurriaan também teve câncer aos vinte e um anos e fiquei sabendo dele por meio de alguém que conhecia alguém que... Hoje ele está com vinte e seis. Debaixo de um dos dois pequenos toldos, um rapaz lê o jornal *NRC* despreocupadamente.

Tiro os óculos escuros, minhas sobrancelhas e cílios já estão menos ralos.

– Você é o Jurriaan?

O garoto me olha:

– Não.

– Ah.

Vou andando e sento numa mesinha.

– Sophie?

Olho para cima e dou direto com os olhos escuros do possível Jurriaan.

– Oi, eu sou o Jurriaan. Acho que já nos vimos antes. O seu rosto me parece familiar.

Os olhos escuros sentam-se bem ao meu lado. Os habituais três beijos no rosto. Ele veste uma camiseta azulada, não larga demais, dando para ver que ele tem um corpo e tanto. Usava tênis Nike e tinha uma bolsa tipo carteiro cheia de emblemas. O cabelo dele é bem cheio e o rosto bonito. Ele já não anda por aí careca e sem os cílios, mas, assim como eu, ele também já teve que "dançar a dança". Olho mais uma vez para os seus cabelos e olhos: sobrancelhas grossas e muitos cílios. Legal, ano que vem eu também vou estar assim.

Pedimos duas águas.

– Jur, você chegou a ficar muito mal? – pergunto-lhe como a um companheiro de infortúnio.

– É, pode-se dizer que sim. A quimio não funcionou e a rádio também não foi suficiente para acabar com tudo. No final, o tumor se encapsulou.

– Encapsulou?

– É, os médicos também não sabem explicar.

– Ahn. Vou ter que chegar a esse ponto?

– Sophie, você vai enfrentar um período muito duro. Pelo que estou vendo e ouvindo, você já está mais tranquila e no caminho certo. Aproveite essa tranquilidade e não se deixe enlouquecer pelo medo: concentre-se na sua última tomografia. Ela estava boa, não é? – Jurriaan me olha de forma penetrante.

Perco qualquer noção do que se passa à minha volta. Nada mais existe para mim, nada além dos olhos e da voz do Jurriaan. Faço que sim com a cabeça.

– Você é forte, eu vejo isso. Tenho confiança que vai sair dessa.

Duas horas mais tarde o Jur – agora como amigo – é o primeiro a se levantar. Sigo-o com os olhos enquanto ele vai andando para o lado oposto da praça pelo agora deserto Noordenmarkt. Meu coração ainda está batendo forte por causa da nossa conversa. Era o meu primeiro companheiro de infortúnio. E que companheiro. Alguém com quem posso conversar e ainda num corpinho daqueles.

Fico toda arrepiada quando o Jur fala das suas experiências, emoções e medos, como quando sinto os primeiros sinais de uma paixão ou quando, em momentos especiais, a Annabel me dava um beijo apertado. Estou, portanto, um pouco apaixonada pelo Jur – comigo é assim. Só porque ele também conheceu o câncer e porque um único olhar já basta. E só porque ele é especialmente legal e bonito. Não se trata só de uma torta de maçã, mas com chantilly ainda por cima, o que, aliás, é o que gosto de comer com ele nas mesinhas do Noordenmarkt.

Terça, 5 de abril de 2005

Algumas cores não combinam e o meu pai nem sempre tem bom olho para perceber isso. Então hoje de manhã ele vestiu uma camisa verde-limão com um terno verde-oliva. "Especialmente para a ocasião", disse ele. A ocasião de me deixar mais uma vez no OLVG. Quem veste o meu pai são sempre as suas três mulheres, pois sozinho ele não é capaz. Como a maioria dos pais, ele não gosta de fazer compras e também não dá a mínima para isso. Não deve ter sido sempre assim. Quando ainda andava com um bigode de uns vinte centímetros com as pontas viradas para cima, por exemplo, antes de ir dormir, ele punha dois pregadores de roupa para o bigode não perder o estilo. Quando ia a festas, levava quase sempre o seu mascote: um jacaré empalhado de patins com uma cordinha no pescoço que ele ficava puxando a noite toda atrás de si. E ele usava um casaco com listras fininhas e um lenço italiano no pescoço.

Há mais de trinta anos, ele conseguiu comprar com uma herança que recebeu, uma casa velha no canal. Logo ficou claro que tinha sido um bom investimento. Para custear a reforma, foi morar lá com cinco amigos. Cada um deles ganhou um ladrilho com o seu nome no hall: Ton – o meu pai – Raymond, Henk, Mark, Geert, Jan e outro Ton. Loes, o nome da minha mãe, foi o último a ser acrescentado. E foi ela também a única moradora que permaneceu morando ali, além do meu pai. Até que nascemos eu e minha irmã. Seguiram-se três gatos: Keesje, Tijger e Saartje. O Keesje foi transferido para um pet-zoo/asilo – essa história do asilo meus pais não conseguiram fazer descer pela goela das suas duas filhinhas, mesmo sendo o Keesje a maldade em forma de gato –, o Tijger foi atropelado na frente de casa quando tinha três anos e, se bem me lembro, acabou morrendo de dois pneumotórax felinos e a Saartje, aos quinze anos de idade, é cada vez melhor companhia em casa. Ela está começando a piorar de aspecto e a ficar gagá, o que se pode perceber na sua crescente dependência e nos seus erros de avaliação, como quando resolveu atacar visitas ou cães pastores que passavam.

Meu pai e eu rimos muito com os primeiros pelos pubianos que encontrei no papel higiênico ao fazer xixi.

Meu pai:

– A senhora também trabalha com pelos pubianos?

Eu:

– Por que? Está achando que vieram de brinde em alguma peruca?

Para essa mesma ocasião que fez meu pai se vestir de verde, ajustei a Sue na cabeça e levei a Blondie na bolsa. As enfermeiras, inclusive o Bas, já não veem esta última há um bom tempinho. A Daisy e a Stella ficaram em casa. No caminho, todos ficam em silêncio dentro do carro, porque cada um de nós quatro, ou três, ou dois, temos que reduzir a marcha para o Doutor L., o rabdomiossarcoma, o medo e todas as outras misérias de um hospital.

Mas no momento em que ponho os pés no OLVG, liga-se um interruptor na minha cabeça e na minha lista passa a haver um só item: sobreviver. Apesar da minha tristeza noturna, lá me sinto segura e querida. É um mundo bem pequeno e solitário, mas também delicado e acolhedor. Aquele interruptor me ajuda a transpor os meus dias de hospital, porém aumenta na mesma proporção a distância entre os dois mundos. Por um lado, um mundo com uma única cama e uma única menina doente e por outro, o mundo de um lar acolhedor e amoroso, onde as lágrimas me vêm aos olhos sempre que aquela cama solitária volta aos meus pensamentos.

Diante do meu nariz há umas imagenzinhas pretas que o Doutor L. prendeu na caixa de luz. Hoje vou ver as imagens da tomografia. Imagens caras, ao que parece, embora não entenda porque razão. Ele ri quando me vê de cabelo ruivo, faz um gracejo e procede com a ordem do dia: meu pulmão. Eu mesma já consigo ver que os tumores diminuíram de tamanho. O contorno do meu pulmão direito mostra um pouco menos de anomalias que há dois meses quando a luta ainda começava. A membrana em torno do pulmão esquerdo descreve um belo arco sem irregularidades, de forma que eu poderia reproduzi-lo com um compasso. Já na membrana em volta do pulmão direito é visível que compasso nenhum pode ter tido qualquer participação ali. Mais parece um espaguete, com um ravioli aqui e acolá. O maior ravioli é o mais baixo de todos, bem junto do fígado. Huguinho, Zezinho e Luisinho estão em algum lugar pelo meio e então há um desgarrado na parte de cima, encalacrado profundamente atrás do meu seio direito. Chamemo-lo, por conveniência, de Bafo de Onça. O nome da minha doença significa: agressivo – rabdo, massa muscular – mio e sarcoma – tumor maligno. As células tumorais se multiplicam nas partes moles do corpo. Pode ser no tecido conjuntivo, muscular ou outro tecido. Também li em algum lugar que ocorre, sobretudo, nos braços e nas pernas, por causa do tecido conjuntivo diagonal que é encontrado ali, nas células do corpo humano. E que isso pode levar à amputação. Ainda bem que em mim está no pulmão.

Há três graduações diferentes para a minha doença. Eu estou no grupo intermediário. Nem o mais complicado e tampouco o mais fácil. Por ser uma doença de incidência tão rara, foi acumulada pouca informação sobre a causa e o processo de cura. A maior parte dos cientistas acredita que se trata de uma anomalia embrional congênita, mas porque essa anomalia foi se manifestar só agora, aos vinte e um, isso eles não sabem dizer. Mas o que quer que seja, o meu verdadeiro diagnóstico causou muita polêmica entre os patologistas, anatomistas – e ao que parece, também entre acadêmicos com os quais é impossível se comunicar. Mas não devo me preocupar muito com o nome, acredita o Doutor L., se o tratamento funciona... E está funcionando.

Mas não é o bastante. Não basta que funcione, é preciso que funcione suficientemente bem para que cada célula tumoral desapareça do meu corpo. E o meu corpo também precisa continuar suportando porque, sem bons índices no sangue, nada de quimioterapia. Aliviada, livro-me da tensão que me afligia até uns minutos atrás. Mesmo tendo recebido boas notícias, a sala do Doutor L. nunca será um lugar em que eu possa relaxar.

Dada a incidência em tantas crianças pequenas, meu caso torna-se um pouco enigmático na minha idade e também menos favorável, como estava escrito no meu prontuário. O tratamento é concebido para adequar-se ao corpo infantil e ele se recupera mais rápido e melhor do que no corpo de uma "jovem adulta", como eu era chamada no OLVG. No fundo, suportar o tratamento é uma luta tão grande quanto aquela contra a doença. Os resultados dos exames de sangue são acompanhados com toda a atenção e corrigidos imediatamente quando passam dos valores de referência. Transfusões de sangue para quando o teor de hemoglobina está baixo; injeções de leucócitos e até mesmo transfusões de trombócitos para as outras deficiências. Na prática, já consigo adivinhar esses índices do sangue pela minha pele pálida, pela baixa energia, baixa resistência e pelas manchas roxas que aparecem quando há falta de plaquetas, já que elas são as responsáveis pela coagulação do sangue. Na tomografia, as anomalias – onde ainda restou alguma – não são muito maiores do que a cabeça de um alfinete. O maior tumor chegou a ter a dimensão de 5 por 2,5 cm. Isso agora está reduzido pela metade. O fato de que minhas células tumorais estão muito espalhadas pelo órgão, e de que esse órgão é o pulmão, torna a cirurgia praticamente impossível no meu caso, por ora. Talvez num estágio posterior. É *uma* opção com a qual provavelmente não se pode contar, mas para além da quimioterapia ainda sobra uma: a radioterapia.

Mesmo sem essas chapas, já se vê que o tratamento está surtindo efeito porque aos poucos vou recuperando meus quilos perdidos e ganhando forças. O mais perverso da quimioterapia é que o paciente costuma ficar mais doente por causa dela do que por causa da doença propriamente dita, embora isso tenha acabado de mudar no meu caso. Meu corpo começa a acostumar-se às novas drogas e recupera-se cada vez melhor de cada aplicação. Mas o Doutor L. é cético e teme que no fim do ano eu esteja pele e ossos cambaleando pela sua seção.

À parte da baixa energia, do grande cansaço depois de uma semana de OLVG e da falta de cabelo, até que não pareço mal de saúde. Nada que salte aos olhos. Com a diminuição da minha família de tumores, sinto-me cada vez melhor. Custou-me a necessária dose de medo, perda de peso, suor e baldes de vômito, mas aos poucos, meu corpo começa a se acostumar aos novos medicamentos e cada vez mais a Sophie vai ficando visível e cada vez menos o câncer. Aprendo a conhecer os efeitos dos medicamentos e, tomando meus comprimidos contra enjoo na hora certa, já não é sempre que vomito. Não vejo meu tratamento como um inimigo peçonhento, mas sim, como um amigo esquisito que com uma mão dura me faz melhorar. E corto logo quem me venha falar mal de quimioterapia. É a minha doença, minha luta, meu campo de batalha e minha voz.

Já não é na faculdade de Ciência Política que estudo, mas na biblioteca médica da AMC. Finalmente ouso enfrentar cara a cara os meus medos da morte. Uma cópia do meu prontuário vai comigo para toda a parte – para desagrado da minha enfermeira Annemarie, que fica fazendo cópias nos seus intervalos de descanso. Tenho uma pergunta para cada médico que passa pela minha frente. Quero saber e compreender tudo, inclusive minhas chances de sobrevivência, por mais sem sentido que seja ler sobre as suas próprias chances em estatísticas. No dia em que soubemos que os meus tumores só estavam no pulmão e não no fígado, as minhas chances subiram de 15 para 70%. Não que isso diga muito a mim ou ao meu médico. Outrora tão misteriosos, os índices de sangue que levo a tiracolo no meu laudo laboratorial toda vez que tenho que fazer um novo exame de sangue tendem a ficar constantes. Atrevo-me a dar um passo adiante, abraçar minha esperança e sacudir meu abatimento. Mais do que isso, saboreio minha nova vida: a montanha de tempo que tenho todo para mim e as perucas que me fazem novamente seguir pela vida como uma verdadeira mulher. Atrevo-me a retomar minha vida.

Minha família se esforça por se antecipar às flutuações do meu estado físico e emocional. O cansaço constante diminuiu minha capacidade de tolerância para o nível de uma jararaca velha e amarga. E eles três controlam as vozes e expressões sempre que estão perto de mim, com medo de que, como no conto de Andersen, até uma ervilha incomode a princesinha. Eu não tenho espaço para as emoções deles, somente para as minhas próprias. Não suporto vê-los se fazerem de fortes ou fraquejarem de tristeza por mim. Por essas razões, mas também porque tenho a necessidade crescente de resolver eu mesma as minhas coisas, quero dar conta de tudo rigorosamente sozinha. As consultas, as tomografias, os exames de sangue semanais e tudo o que traz consigo um pouco de ansiedade.

Já venci o obstáculo da minha primeira tomografia e as camisetas suadas ao lado da cama se reduziram a zero. Hoje à noite, mudei de volta para a minha própria edícula na companhia do livro de Lance Armstrong – que venceu um câncer de testículo que se espalhou até o cérebro, ganhou sete vezes o Tour de France e concebeu a pulseirinha amarela cujas receitas vão para o combate ao câncer. Saí, portanto, da casa dos meus pais, embora ainda esteja por perto.

Quarta, 6 de abril de 2005

Não é só meu pai que tem problemas para combinar cores. Os designers de interiores do OLVG também são capazes de proezas. Na seção de Pneumologia, a distribuição das cores primárias em superfícies quadradas pauta-se por um princípio psicológico. Os caixilhos amarelos das janelas, que contrastam com os contornos azuis, deveriam proporcionar-me tranquilidade. Isso porque a intranquilidade que sentia internada sob os cuidados do Doutor K. advinham do amarelo e do azul e não das longas agulhas. Já na C6, ainda conseguiram impedir a entrada desses estilistas experimentais. Aqui preferiram um lilás suave e um azul-bebê, combinação essa que me faz lembrar da minha escola primária. É bem possível que lá também essas cores servissem para acalmar os seus frequentadores.

– Surpresa! – exclamo, quando o Bas está para dizer o seu tradicional "Oi, carequinha!" e encontra a Sophie de cabelos ruivos. Também costumo chamar a C6 de "meu spa", o que não está tão longe de ser verdade. Você procura um spa atrás de tranquilidade e – dizem – sai de lá melhor do que entrou. E lá você é muito bem tratada. É isso que acontece aqui, sob os cuidados do enfermeiro Bas e dos outros.

– O coração, a bexiga e os rins: são estes os órgãos que precisamos manter sob maior atenção. Há algo que a incomoda nessas regiões? – pergunta a enfermeira Pauke.

– Incomoda? Coração? Deus me livre. Não, só não consigo segurar o xixi por tanto tempo como antes. Às vezes escapam umas gotinhas, como com as velhinhas do comercial.

Quando isso acontece, tenho que usar fralda no lugar de absorvente.

O Bas faz uma piadinha e me conduz ao quarto. Vou enfrentar a terceira semana de hospital. Já pertencem ao passado as aplicações semanais dos coquetéis de vincristina e outros quimioterápicos que me custavam uma hora de ambulatório toda segunda-feira. A partir de agora, tenho que me apresentar uma vez a cada três semanas para uma nova agulhada. Alternadamente, no ambulatório e na seção, os meus tumores vão sendo fulminados com as injeções.

Agora, estando já na metade do meu tratamento clínico, sou transferida para o quarto coletivo. A minha idade me tinha dado *status* especial até agora, o que tinha me poupado do quarto coletivo. Mas só há quatro quartos individuais na seção, reservados para os pacientes em isolamento, para os casos terminais e para as exceções. Pertenço a esta última categoria. Infelizmente, porém, desta vez há excesso de pacientes nas duas outras categorias e vim parar numa enfermaria cheia de câncer por todos os lados.

Alojada entre a Tia Beppie e a Tia Bla, por vezes troco olhares de cumplicidade mútua com o meu vizinho de frente que já há alguns dias vem testemunhando as conversas cativantes que ambas travam entre si no nível de uma revista feminina qualquer. A média de idade na sala é de setenta e um. Com a minha chegada, passou a cinquenta e oito e meio.

– Bom dia, bom dia! Quem é que vai querer um cafezinho?

Silêncio sepulcral.

– Nada de briga. Um por vez, por favor – brinca a senhora do café.

Ainda nenhuma resposta, as plantinhas preferem ficar secas. Mesmo assim, ela serve chá e café. Enquanto isso, sou conectada ao meu suporte de soro e uma mulher desagradável faz diversas tentativas de tirar sangue de mim.

O pano de chão também faz sua aparição, seguido pelo pano-chefe, para que tudo fique tão esterilizado quanto possível.

Minha mãe está sentada ao meu lado. Minha querida e fiel mãe. Ainda estou para ver o dia em que ela se esquecerá de passar batom. Ela tem muita energia, uma presença forte e é muito assertiva, especialmente quando se trata da saúde das suas filhas. Ela não dá confiança aos residentes e mesmo os médicos-assistentes às vezes passam por apertos com ela: "Você tem certeza? O Doutor L. está sabendo disso?". Ou na hora de aplicar um novo soro: "Só se você conseguir acertar de primeira. Senão, por favor, vá chamar a sua colega". Ela guarda a minha cama como um cavaleiro guarda o seu castelo ou como a loba guarda seus gêmeos romanos. Às vezes é difícil convivermos num espaço tão restrito. Porque ela está me vendo apertar os lábios quando espetam mais um soro ou o meu sorriso desaparecer simplesmente porque tudo está uma merda mesmo. Porque tudo está uma merda mesmo. "Merda" e "palerma" formam a sua rima imperfeita toda vez que as preocupações passam do limite do suportável para ela. Nessas horas, o hospital inteiro é uma *merda* e cada pessoa dentro dele – sem poupar nem as senhoras que servem o café lá embaixo –, todos uns *palermas*. E é assim que é.

O Doutor L. também aparece no meu quarto. De preferência acompanhado dos seus diletos colegas, assim ele pode discutir toda a sua ciência já na hora do almoço, enquanto mastiga seu sanduíche de queijo.

– Ah, a gente nunca reconhece você na hora. Essa é a sua última aquisição? – diz ele, espirituoso, já procedendo à ordem do dia.

Orgulhosa, faço que sim com a cabeça.

– Ela se chama Blondie.

A Sue está pendurada no suporte do soro, que eu também uso como mancebo. Lá estão pendurados ainda um roupão de banho e uma bolsinha amarela de soro. Os aprendizes do meu médico dão umas risadinhas que o Doutor L. resolve acompanhar. Meu famoso número de transformação ainda funciona bem.

Embora o motivo para nossos contatos seja médico, a nossa relação é extremamente pessoal. Ao menos para mim. As horas que passei, passo e passarei com ele são os momentos mais sinceros da minha vida. Ele conhece meus momentos mais emotivos, as lágrimas, o medo, a alegria e os momentos quando o interrompo rispidamente porque quero que ele suma da minha frente, junto com a merda da sala branca e aquela merda de caneta do Suriname.

Tenho curiosidade de saber o recheio do seu sanduíche. E a casa onde ele acorda cada manhã. E como ele vai de casa para o hospital. Já descobri que ele mora numa aldeia com O no nome e que vai e volta de trem. Acho estranho. Este homem significa tanto para mim que eu esperava um carro com vidros fumê, chofer e garrafinhas de champanhe. E não uma manhã caótica, passando manteiga no pão das crianças, revirando a papelada atrás de um documento e depois saindo correndo de casa para a estação, um pouquinho atrasado, para ir salvar pessoas.

Agora o Doutor K. só aparece nos meus sonhos e de vez em quando no átrio do hospital ou no balcão do seu ambulatório, por onde sempre tenho que passar quando vou me consultar com o Doutor L. Que ridículo! Depois de todos os médicos com todas aquelas especialidades, eu acabar num oncologista insípido.

Passo a manhã inteira deitada na cama ao mesmo tempo em que toda aquela atividade incessante se desenrola sem parar à minha volta. É só o primeiro dia, mas não suporto mais. Estou cheirando mal, tonta e fico amarga toda vez que penso nos planos que ainda tenho.

Tinha.

Tenho.

Tinha.

Um dos dois. Aguço o olfato. Para confirmar, ainda levanto o braço e em seguida viro o rosto com repulsa para o outro lado.

Agora já estou há dois dias no soro. Todos os cremes e águas-de-toilette que trouxe na mudança para o OLVG não são suficientes contra o cheiro de suor que a quimioterapia espalha. Até meu xixi cheira mal. A Pauke chama de "xixi de quimio". E sou lembrada desse cheiro durante o dia todo, porque no hospital faço xixi num penico e não num banheiro de verdade. No começo, tentei combater a morrinha caprichando no banho, mas agora já sei que contra ela não há o que fazer.

A minha enfermeira Pauke, para quem sem dúvida os chinelos Birkenstocks foram projetados, acaba de passar pelo quarto para me pesar, tirar a pressão e a temperatura. Ela não é nenhuma DJ, nem uma vendedora meio período, nem uma gostosona de plantão e sim simplesmente uma enfermeira à moda antiga que gosta de pôr a mão na massa. Acho-a fantástica. Ela é tão alta que a sua postura me faz lembrar a Tia Sidônia dos quadrinhos de Willy Vandersteen, indo eficientemente de cama em cama. Ela está sempre tomando as providências para que tudo que deva acontecer, aconteça, mas sem nunca perder o sorriso alegre. Mesmo quando ela erra na hora de picar a agulha, o que só acontece quando ela está num mau dia, porque até ela parece tê-los. Eu nem noto.

Não estou me sentindo mal, só com preguiça demais para dar uma volta pelo hall da seção. Depois de uma hora de quimioterapia, o enjoo começa a piorar. Não é suficiente para vomitar, mas mais que suficiente para não poder nem pensar em comida. Por insistência da Pauke, arrasto-me para fora da cama só pelo tempo que ela precisa para fazer a limpeza. Como ela faz diariamente, a menos que eu consiga dissuadi-la com uma cara de sofrimento. Mas isso só deu resultado uma vez, quando acertei o momento exato para a minha pororoca "sanduíche de atum". Uma vez lhe perguntei se ela chega a pensar em mim quando deixa o hospital no fim do turno e adentra o seu próprio mundo.

– Penso – disse ela –, mas daí só me lembro dos figos e das tâmaras e não do soro, do bipe, da máscara de oxigênio e das agulhas esterilizadas.

Ela pensa em figos frescos e doces e em tâmaras tenras e acetinadas. Provavelmente porque eu estava estudando em voz alta os valores nutricionais dessas frutas quando ela veio tirar a minha pressão. É a sua versão do copo cheio pela metade. E porque isso já me dá pano para a manga, passei a associar a Pauke a três adolescentes

– que vivem em casa à sua espera depois do serviço, no Cabo Ferrat, pois ela descreve o lugar de forma tão bela – e à Tia Sidônia.

Quinta, 7 de abril de 2005

Meu amigo altão sempre está lá: quando as luzes se apagam e vou lavar o rosto, escovar os dentes e depois adormecer e sonhar com o Doutor K. Mas ele também está lá quando as luzes se acendem e vou escovar os dentes e lavar o rosto de novo, comer minha papinha e acordar. Fiel, ele está sempre ao meu lado e toma conta de mim sem nunca se distrair.

Meu amigo altão é um homem de poucas palavras, mas às vezes quer ser ouvido. Basta sentir o cheiro do perigo que ele põe a boca no trombone, revelando-se um verdadeiro *hooligan* que não abandona o campo por nada. Lembro-me da presença dele quando ouço sua voz estridente. Irritada, mas com confiança cega, deixo que ele continue. Ele berra para que toda a seção volte sua atenção para mim. Gosto quando isso acontece. Um pouco de atenção extra me vem a calhar, num prédio tão cheio de companheiros de infortúnio.

Alguns fazem piada do meu amigo altão. Acho que porque não sabem direito como se comportar diante da sua postura altiva e elegante, da voz estridente. Então gozam dos seus adornos e dizem que as luzinhas piscantes o fazem parecer uma árvore de Natal. Ou o chamam de varapau abobalhado. Mas o meu amigo altão e eu não damos a mínima. A Sophie e o Altão: já encontramos muitos concorrentes pelo caminho, mas nenhum tão bem apanhado como o Altão.

Meu amigo altão também é escarnecido por causa dos seus apitos. Com seus apitos, ele põe todos os outros no chinelo. E isso não passa desapercebido e torna-o alvo de inveja. Mas nem isso nos afeta, pois a Sophie e o Altão bem sabem que ninguém mais do que ele e seus apitos conseguiram manter mais carecas a salvo da Velha Senhora.

Meu amigo altão é capaz de grandes feitos. Mas é quando está em silêncio que ele é insuperável. "Observar o silêncio," diz ele, "é como agarrar-se à vida. A vida que une a nós dois, você e eu, Altão e Sophie".

Estamos unidos pelo líquido que passa por um tubo fininho. Juntos, ouvimos a música do tubinho, o som das bolhas de ar e do bombeamento do líquido. Depois desfrutamos da tranquilidade, até que o meu amigo altão ouve o perigo se aproximar e soa o apito de novo. Nesse momento vêm as enfermeiras correndo e acendem as luzes, em meio à voz estridente do meu amigo alto, que repentinamente se transforma num lutador enfurecido que com todas as forças se ocupa de mim. Mas felizmente as luzes sempre se apagam de novo e somos deixados sozinhos na paz da nossa tranquilidade. Nada além da nossa tranquilidade e um pouco de líquido que nos une por um tubinho fino que chia baixinho.

Logo chega meu pai apressado com a sua camisa verde-limão combinando com o paletó verde-oliva. Especialmente para a ocasião. E então, quando as luzes todas se apagam, fico de fato sozinha na cama, assistindo à Net5, *Desperate Housewives*. De vez em quando, num minuto de folga, as enfermeiras vêm dar uma espiada para saber como se estão saindo as donas de casa. Então meus olhos saem em busca do relógio luminoso que mantém seu tique-taque por toda a noite, o mesmo relógio que via do ambulatório do Doutor K. Todo dia que passo no hospital espero por uma visitinha inesperada ou um cartão dele. E à noite, quando a minha solidão fica maior, aumenta ainda mais minha vontade de estar na segurança dos seus ombros. Nessa hora, chego a pensar que é pelos seus braços que suspiro verdadeiramente e não pelos de um garoto simpático e atraente de vinte e poucos anos de idade, como seria de se esperar.

Mais adiante no corredor, alguém está em vias de morrer e o barulho parece o de um hipopótamo com dor de dente. Bem que ele podia ter avisado antes. Assim teria providenciado os tampões de ouvido. Que barulheira. Como devo soar quando for a minha vez? Ou cheirar? Que pesadelo. Mas comigo não é para já. E o Bas traz os tampões. Mesmo às três horas da madrugada é bom vê-lo vindo na minha direção. Os tampões de ouvido são cor-de-rosa e molinhos. Enquanto os estou aquecendo com as mãos, ouço ao longe, em voz baixa, mas ameaçadora: "Cala essa boca!". Às vezes isto aqui é um verdadeiro manicômio mesmo.

Sexta, 8 de abril de 2005

De manhã sou acordada por uma mulher desagradável segurando uma agulha de aspecto mais desagradável ainda. Ela chega com uma caixa que contém todos os seus equipamentos. Ainda não são nem nove horas, minha bochecha ainda está grudada no travesseiro e me recuso a abrir os olhos. Revoltante. Mas resistir é inútil. Então, docilmente, estendo o braço. Com um só olho aberto, observo-a atentamente na esperança de que ela acerte de primeira. Esperança vã. Mulher chata.

A cortina se abre e põem o café da manhã na minha frente.

– Bons dias! – grita a senhora do café para ser ouvida por todos os que na seção ainda queriam dormir um pouquinho. E, como todas as manhãs, ela me traz uma garrafa térmica com água fervendo. Xixi de novo, penso eu, ao ver a enésima bolsa de soro fisiológico correndo para dentro do meu corpo, o que significa novos malabarismos com os fios. Paciente, na acepção da palavra. Por causa de toda a movimentação das copeiras, agulhas, enfermeiras e médicos, as vezes é difícil fechar os olhos e fazer de conta que é noite sem que a seja.

Levanto-me e me apronto para descer para o higienista bucal. O meu é gay. Homossexual. Bicha. De tudo isso um pouco. E acima de tudo supersimpático. Apareço lá com regularidade, para o caso de os medicamentos amolecerem os meus dentes. Por ora, estão se aguentando firmes em seus lugares. Segundo ele, tenho dentes fortes. "Igualzinho à sua mãe."

É, igualzinho à mamãe. Também ele a conhece do ano passado.

Para chegar ao seu ambulatório, tenho que passar pelo meio das pessoas comuns lá embaixo no átrio. Pessoas comuns que talvez tenham alguma queixazinha aqui e acolá, mas que não estão propriamente podres clinicamente. Pois no átrio tudo ainda é inocente. Um ou outro paciente ambulatorial, outros tantos de fora, mas nenhum paciente clinicamente podre. Acorrentada ao meu suporte de soro, estou no elevador a caminho do térreo. Lá, vou andando com o meu amigo altão ao lado, com as bochechas muito vermelhas e inchadas e uma expressão de medo no rosto. Medo de destoar. Todos ficam olhando para aquela pobre jovem da Oncologia.

Não só em minha imaginação, mas também na realidade. E isso porque vesti minha roupa normal de todos os dias: jeans e blusa de gola rolê, deixando o pijama na seção. Acho que alguns de fato já foram apresentados ao meu suporte de soro, pessoalmente ou por meio de terceiros. Pelo menos é o que os olhares me fazem acreditar. Eles entendem que não venho de uma seção qualquer, mas da Oncologia, onde ficam as pessoas com câncer. Essas confrontações são o pior de tudo. Talvez o pior de toda a doença. É quando os fatos são esfregados na sua cara. O fato de que isto é irreal àquelas pessoas, mas real para mim. Eu me viro e ando o mais rápido que consigo para dentro do meu mundo que acaba de se tornar ainda mais solitário.

Segunda, 11 de abril de 2005

Na minha agenda vejo escrito: "semana 11" – das 54 – e "semana 2" – do segundo período do segundo semestre de Ciência Política.

No verão seguinte aos meus exames finais do ensino médio – quase quatro anos atrás –, comprei uma viagem para o Tibete. Meu interesse por esse país começou com os livros de Hermann Hesse e uma forte paixão. A única maneira de entrar no país era uma excursão, então acabei caindo na estrada em companhia dos aposentados. A viagem começou em Pequim e terminou em Katmandu, de onde ainda engatei dois meses no Nepal e três meses na Índia. Naquela época só sabia uma coisa: eu não tinha conquistado meu modesto diploma de segundo grau a troco de nada. Ia fazer Ciência Política para entender um pouco melhor a injustiça no mundo.

Ainda estou matriculada, dinheiro jogado fora, mas só de pensar em me desmatricular já me começam a escorrer as lágrimas. A cada ano letivo, o negócio é conseguir sessenta créditos distribuídos em várias matérias. Ciência Política costuma ser dividida em seis matérias de dez créditos, mas em outras carreiras há matérias de cinco créditos também. No início do meu terceiro ano letivo, comecei a cursar um conjunto de disciplinas de outra faculdade: Economia Internacional. Escolhi essas matérias exatamente porque não sabia nada a respeito e tinha intenção de me graduar na área de Relações Internacionais com especialização em Cooperação para a Promoção do Desenvolvimento. Depois do primeiro semestre, já não voltei mais, até hoje. Como terceiro-anista, não era só no terraço que eu flertava, flertava também com outras matérias. Inscrevi-me então em outra matéria: Economia do Desenvolvimento II. Como se os desenvolvimentos que estavam em marcha dentro do meu corpo já não me dessem suficiente material para pensar.

Já na primeira aula, fixamos o cronograma para os próximos dois meses. De pronto sou convocada para um seminário, justo na semana em que vou ter que ficar de cama para a etoposida e outros medicamentos milagrosos. Durante a exposição introdutória do docente, mexo nervosa nos cabelos, que hoje são a Blondie. Estou meio confusa. Tanto pela quantidade de *xx, yy* e outras variáveis que vão aparecendo na minha frente, como por estar aqui sentada pensando que vou morrer daqui a alguns meses. Questiono-me por quanto tempo ainda vou aguentar e percebo que não quero mais me apressar, por mais paradoxal que pareça. Já não tenho a obrigação de fazer tantas coisas assim. E tudo começa a me parecer muito barulho por nada. Não quero saber de listinhas de coisas para fazer. Mais ainda: odeio listinhas de coisas a fazer. Não tenho obrigação de estudar inglês, francês, hindi, mandarim e não sei mais o quê, já que sou uma garota que mora nos Países Baixos e fala holandês. E a última coisa que quero é ficar sentada com uma peruca na cabeça, pondo as coisas em perspectiva numa aula de Economia do Desenvolvimento II.

Já me apressei tanto e fiz tanto que agora quero refletir um pouco. Estar mais comigo mesma. Minha própria careca, por exemplo, ainda a escondo.

Terça, 12 de abril de 2005

Já se vê que tudo está diferente, não só pela minha nova filosofia de vida, mas também pela minha cesta cheia de perucas. Contudo, algumas coisas continuam iguais. Ainda bem. Por exemplo, continuo fazendo xixi no chuveiro. Como é bom ir para o chuveiro com a bexiga cheia e sentir o xixi sair. Ontem comi aspargos. E hoje o xixi da manhã me fez lembrar disso. E é assim que vai ser sempre.

Nunca tive o hábito do ócio matutino. Com isso quero dizer ter a paciência para me empetecar toda. Quando muito, uma passada de rímel e blush. Aprecio a manhã, só que sentada num café, lendo um jornal com uma xícara de café na mão ou chá verde de preferência. Nunca tive tempo para aplicar cremes e para a verdadeira técnica da maquiagem.

Mas estamos em abril de 2005 e agora estou entre as mulheres que trocam "o que Deus lhes deu" por pozinhos e pincéis saídos das farmácias DA. Começo pelas sobrancelhas.

Com o pincel – que me custou nada menos do que 42 euros –, retoco as sobrancelhas com cuidado. Desde sempre minhas sobrancelhas foram espessas e escuras. Mas delas só sobraram uns fiozinhos. Pergunto-me se ainda falta muito para eu poder passar pela Miss Moneypenny do James Bond. Em seguida, pego o delineador. Os cílios, que o delineador faria parecer mais longos, já não existem mais. Bom, mas um delineadorzinho nunca fez mal a ninguém.

Escolho a Sue porque ontem já saí como Daisy. Sou muito boa em variar e combinar cores.

Na Gravenstraat, em companhia do Rob, Jochem e Jan, dou cabo dos bifes que eles pediram. Desde o câncer, eu e o Jan andamos no mesmo ritmo. É verdade que ele se levanta muito mais cedo do que eu, mas partilhamos uma refeição. O almoço dele, o meu *brunch*. Depois de passarmos pela feira da Haarlemmerstraat para compras, cada um toma o seu caminho. Como bem-sucedido apresentador de televisão e homossexual de fim de semana, o Jan valoriza o tempo que passa sozinho e costuma desaparecer no seu escritório. Eu, há alguns dias, faço o mesmo. As histórias continuam brotando sem parar e não quero deixar passar.

O Rob tem o mesmo ritmo, pelo menos até ser convocado para uma filmagem na região dos pôlderes para uma gravação para os programas televisivos *O Coração dos Países Baixos* ou para o Piet Paulusma, o homem do tempo (o Rob é operador de câmera freelancer).

O menos bem-sucedido do grupo é o Jochem, que fica tão ocupado fazendo nada que parece ter uma vida mais atribulada do que meu médico. Sua mente está sempre ocupada com algo que não seja o aqui e o agora. Foi ele que conheci antes de todos. Até um ano atrás, nos falávamos todos os dias, frequência que rareou até chegar a uma vez por semana, mas ainda curtimos estar juntos.

Encontro-me com o Jan, o Rob e o Jochem cada vez com mais frequência e divirto-me cada vez mais como paciente. Passo o dia todo tomando chá de hortelã no café da esquina e ainda ganho para isso.

O Jan relata que esteve escrevendo sobre aqueles dias em que, tão confusos e abalados, saíamos para dar umas voltas juntos pelas nossas vizinhanças. Dois dias depois das notícias terríveis, reunimo-nos na Brasserie Harkema, na Rua Nes. Naqueles dias, o Franken e o Kok, assim como o Jan, o Rob e o Jochem, tiraram folga dos seus afazeres para se reunirem na academia do Marcel no Hotel Barbizon. Entre uma garrafa de vinho e outra, batatas fritas e cigarros, surgiu o primeiro momento alegre. Quando o Jochem e o Franken fizeram a imitação do Rob e do Kok na academia, chorei de tanto rir.

É reconfortante lembrar que naquela ocasião estávamos todos solitários na nossa desorientação, mas que eu não estava passando sozinha por aquilo tudo, ainda que às vezes pudesse parecer. Essa pode ser a razão pela qual nos divertíamos tanto uns com os outros. Sentíamos a mesma emoção, a mesma impotência e vertíamos as mesmas lágrimas. Só agora é que entendo isso.

Nossos momentos juntos me transformam numa outra mulher. Uma pessoa que está presente a cada momento no lugar em que se encontra e não em outro lugar qualquer. É uma surpresa para mim que, na minha idade, eu consiga evitar a ansiedade de ver e descobrir tudo e todos os lugares, mas sem com isso desistir da descoberta. Já não me permito mais aspirar a objetivos distantes, sair atrás de vagas de estágio e *diferenciais* para constar no meu currículo ou cartão de visitas. E por isso desfruto de tudo ao máximo. Não desfruto só do dia, desfruto dos meus cafés da manhã, dos meus cafezinhos, meus coquetéis e vinhos, minhas tardes ao sol ou em algum lugar protegido da chuva, desfruto do sol da noite e da tempestade. Eu desfruto, desfruto e desfruto. A minha antiga agenda lotada abriu espaço para folhas vazias que por si só se preenchem com todos esses momentos de prazer. É a essas folhas em branco a que me aferro. Encontrei a tranquilidade e nunca mais quero deixá-la escapar.

O Rob interrompe meus pensamentos:

– Sophie, seu cabelo está ótimo assim. Você está fantástica. De verdade, está demais.

Um sorriso de orelha a orelha no meu rosto. Eu e o Rob somos só amigos – não namorados –, mas loucos um pelo outro desde o primeiro dia que nos vimos. Acho-o um gato e sempre seguro na mão dele para atravessar a rua. Com ele, estamos o dia todo às gargalhadas, estando o Jan presente ou não. Até pinta um certo ciúme quando o outro fica flertando nas mesinhas da calçada. A verdade é que todos nós temos um pouco uns dos outros.

Hoje, como Sue, sinto-me diferente de ontem, como Daisy. Não só provoco com meus cabelos ruivos e reações diferentes, mas também me sinto um outro tipo de mulher. Um pouco mais teimosa e talvez por isso mesmo um pouco mais segura. Para minha surpresa, meus cabelos ruivos produzem um impacto inegável. Acham-me ousada quando entro no café como Sue e imediatamente é assim que me sinto também. E os homens solitários do balcão aproveitam para um xaveco.

– E aí? Como vai esse cabelão? – graceja um dos homens solitários do bar.

Eu entro no jogo e balanço os cabelos. O Jan e o Jochem me encorajam com um sorriso, enquanto o Rob acompanha a cena atentamente. Embora eu me sinta mais sexy e admirada quando loira – e mais eu mesma, já que gosto de me sentir sexy e admirada – acho legal saber que também me dou bem como ruiva. Mas o que ele acharia de mim se eu aparecesse careca? Seguramente não sexy, ousada ou feminina. Careca, simplesmente.

Tanta coisa mudou na minha vida e em mim. Um rosto estranho no espelho. Não me vejo refletida. Quanta distância entre eu antes e eu agora. Mas todos esses cabelos diferentes me ensinam a me enxergar melhor. Essa sou seu, essa outra sou eu e aquela sou eu também... E esta aqui sou eu de verdade.

Sexta, 15 de abril de 2005

– Sophie!

Estou na frente da casa do Hildus e quando vou tocar a campainha, ouço alguém me chamando.

Com uma sacola azul e branca cheia de compras, o Hildus vem na minha direção, com ar de curiosidade.

– É, é você mesma. Mudou o cabelo?

Supondo que o cavalheiro não soube das notícias, entro no jogo.

– É, mudei – respondo com um sorriso um pouco indeciso.

Minha insegurança transparece claramente. O Hildus parece não se dar por satisfeito. Olha fixamente para o meu cabelo, que balança com tanta naturalidade como o penteado da nossa rainha, rígido de laquê.

Estou tendo um encontro. Com um garoto que não sabe de nada do que está acontecendo. Que horrível, penso, ter um encontro com uma cancerosa. A última vez que estive paquerando e cheguei até os finalmentes foi naquela festa de Ano Novo em Nova York, na companhia de Annabel. Mas desde que minha doença foi diagnosticada, nunca mais me ocupei de homens e nem eles de mim. Hildus, o garoto que está agora ao meu lado, não sabe de nada. Vimo-nos pela última vez em dezembro, antes da visita a Annabel em Nova York. Foi no clube NL, na Rua Nieuwezijdsvoorburgwal. Nas poucas vezes em que nos vimos, nunca fizemos mais do que paquerar, atualizar os números de telefone e trocar a promessa de nos telefonarmos depois, que nunca deu em nada.

    Naquela mesma festa, já há uns dois meses atrás, dei de cara com o meu ex, de quem não tive mais nenhuma notícia. Quando penso na palavra "relação", é nele que eu penso. Estivemos juntos por um ano e de fato estávamos juntos com muita frequência. De manhã, corrida no Vondelpark ou no Bosque de Amsterdã, café da manhã, e-mails e, se ainda sobrasse tempo, um cafezinho no Brandmeesters. Ele começava às dez e meia na galeria, eu, meia-hora mais tarde na universidade. Essa meia-horinha era o tempo justo para, saindo da casa dele, ainda pegar a minha primeira aula. Ele foi comigo para a Índia e eu deveria ir com ele para o Sul da França. Diferentes histórias de vida e círculos de amizade fizeram com que nos apaixonássemos imediatamente um pelo outro, mas também foram o motivo de mal-entendidos e brigas. Continuamos juntos, até que ele constatou que tínhamos nos afastado demais um do outro e tomou a iniciativa do rompimento. Eu tinha vinte e ele trinta.

    Desde que terminamos, o contato foi se reduzindo até atingir um ponto abaixo de zero. Mas agora que tenho câncer, anseio por um pouco de vida, um cartão, até um mero sms já resolvia. Quero lhe contar que as coisas estão indo bem comigo. Que eu ainda me alimento, rio e ando de bicicleta quando o tempo permite. E que, como todo mundo, estou a fim de encontros novamente.

    – Sabia que esse seu cabelo faz lembrar uma peruca?

    Pronto, lá estão as temidas palavras que me fariam os olhos umedecer. Enxugo-os logo e me refaço do nó na garganta.

    Lembra peruca. O cavalheiro acha que o meu novo look lembra peruca. Ai. Acertou em cheio no meu ponto fraco. A Blondie desaba como um triste ninho oxigenado. Faz três dias pelo menos que estou trabalhando no penteado da peruca que hoje trago na cabeça. Escolhi a Blondie porque ela é a que mais se parece comigo.

Lembra peruca.

Com um risinho tímido, tento esconder meu constrangimento. Agora ainda mais ciente do meu novo penteado de imitação, contorço-me incomodada para lá e para cá no sofá do Hildus. Não quero saber de homens de negócios bem-sucedidos por ora. O Hildus é surfista meio período, *entertainer* e escritor. Tudo o que soa bem aos ouvidos, por assim dizer. Estou totalmente preparada, a fita adesiva especial – parte do meu pacote peruca de 800 euros – adere firmemente à minha careca. Não há razões para me preocupar com uma eventual perda dos cabelos. Mas a cera especial – também um brinde –, esta sim pode despencar de repente, fazendo o meu penteado "lembrar peruca". Mas também, que ideia de jerico comparecer a um encontro romântico com um único pensamento na cabeça: sofro de uma doença e tudo se resume a isso.

– Vai um vinhozinho?

– Não, obrigada. Você faz um suco de tomate, com limão para mim?

O Hildus gosta de plantas. Por todo o lado há folhas penduradas enroscando no meu cabelo.

Fabuloso... Uma sensação de ar livre com brotinhos primaveris pelo cabelo. Ele mora no Prinsengracht, o conhecido Canal dos Príncipes, com vista para a movimentada Leidsestraat.

Já na cozinha, ele vem ficar bem pertinho de mim. As verduras e legumes não estão nem na panela ainda.

– Antes preciso falar uma coisa – ouço-me balbuciar. Muito bem, Sophie, muito sutil...

Ele tira duas salsichas vegetarianas da embalagem, fazendo toda uma explanação sobre a importância da natureza e de tudo o que é verde.

– Você tem consciência da comida que consome? O jeito com que são tratados os animais?

Na latinha leio *Albert Hein*. Veio do supermercado da esquina, portanto. Ele deve mesmo ser um profundo conhecedor dessas questões sobre as quais com urgência preciso me conscientizar.

Vou para a sala e me sento no sofá. Ele vem da cozinha com dois pratos e senta-se ao meu lado.

– Tem ketchup?

Sou uma entusiasta de comida saudável e, de vez em quando, orgânica também, mas salsichas vegetarianas são um conceito que nunca entrou na minha cabeça. Tem gosto de papel.

O Hildus vai de novo até a cozinha e volta com o vidro de ketchup. Desta vez, ele se senta colado a mim e tenta me dar um beijo.

Será que eu quero? Felizmente ainda estou no mercado. Felizmente os meus cílios escassos – o que sobrou deles – e minhas sobrancelhas pífias não estão tão feios. E felizmente o rímel é uma ajuda e tanto. No sofá embolorado desloco-me, cautelosa, meio metro para além do alcance do Hildus. Infelizmente ele é um defensor da soja e o meu olfato é lembrado desse fato toda vez que os seus lábios tocam os meus. Não há como escapar. E, infelizmente, o Hildus gosta de cabelos que ele pode acariciar deslizando os dedos por entre os fios e o meu Chanel armado não foi projetado para isso. Pouco antes de tudo ir por água abaixo e a Sophie loira virar a Sophie careca, consigo me safar.

O Hildus me olha com ar de surpresa.

Eu também.

– Acho que tenho algo para lhe dizer.

O Hildus não se mexe, calado.

– Estou doente. Câncer. Você acertou quanto a peruca, estou totalmente careca.

O Hildus continua imóvel. Mas não parece chocado.

Observo o seu silêncio por alguns segundos esperando alguma reação e nada.

– Por isso todo o meu embaraço. – Será que ele ficou desconcertado? – Você não diz nada? Está chocado?

– Não, de forma alguma. Ou melhor, claro que sim. Que barra... Mas para mim não faz diferença. Ainda queria te beijar.

– Ahn? E a peruca? E a minha careca? E o fato de que eu posso morrer?

– Mas então. Você continua sendo a Sophie.

É a minha vez de ficar em silêncio. E por fim, um sorriso; era exatamente o que queria escutar. Eu me curvo para baixo e dou um beijo no Hildus, agradecida e apaixonada ao mesmo tempo. Depois disso, estou pronta para ir embora.

– Você não vai ficar para dormir?

– Não.

– Por que não?

– Por causa da careca. Minha peruca não é à prova de nenhum tipo de movimento sôfrego e estabanado. E simplesmente não está certo, vir de quatro atrás de você com toda essa história do câncer – visível ou não. Prefiro dividir a cama com o Saartje do que com você.

– Saartje?

– Meu gato.

– Vem cá, deita aqui.

– Não – olho para ele decidida. – Não posso e não quero, mas obrigada por esta noite.

Dou-lhe um beijo, me levanto e saio pela porta da frente. Estou radiante: ainda consigo. Ainda sou atraente. Ainda assobiam para mim na rua. Ainda faço parte do jogo. E que bom que toda essa história de namoro ficou tão desimportante de repente. Estou doente, é bem verdade, mas isso não resume tudo.

Quinta, 19 de maio de 2005

Como me sinto compreendida pelo Lance. E como o compreendo. Isso cria um elo de imediato entre nós. Toda vez que corto a cidade na minha mountain bike, a sua história me vem à mente. E daí é como se ele me guiasse. Invencível. Ninguém poderia supor, muito menos acreditar, que sofro de uma doença letal. Até que vem um vento e tenho só a mão direita para dar conta da peruca, da saia, etc. É um malabarismo que nunca consegui dominar. Tanto que uma vez quase assisti a Blondie voar para dentro do Rio Amstel, quando o atravessava pela Rua Westeinde. Atravessar diagonalmente a praça Dam também já não é mais seguro. Ah! Se tivesse me esforçado mais no papel de menininha sem graça.

Mas hoje estou novamente fraca e sozinha na minha cama de hospital: comecei a semana 16 ou quarta semana internada na C6.

Não é tão mal assim, sobretudo se considerar que em dois meses e pouco nunca mais vou ter que cheirar de novo a hospital. "Nunca", que palavra medonha. Não me atrevo a desejá-la. No final de julho, já terão passado as primeiras 27 semanas e só terei que aparecer para o tratamento ambulatorial. Entrar e sair, tudo no mesmo dia.

O sol está brilhando. Mesmo dentro do OLVG. Estou animada. Além do livro de Lance Armstrong, também trouxe na mudança um livro de Primo Levi e de Heleen van Royen. "Para distração", é como explico o fato diante do olhar surpreso do meu médico. Quando abro o livro de Primo Levi, cai de dentro uma carta com um poema. É o poema "Ítaca" de K. P. Kavafis. No verso, uma carta do Jaap, meu amigo de faculdade, que conheci lá na Ciência Política.

Querida Sophie,
Incluí nesta carta o poema 'Ítaca' de K. P. Kavafis. Leia-o sempre que estiver com medo ou triste.

Não sei se te fará ficar alegre de novo, mas também não é preciso, pois ele te mostrará como apreciar a vida tal como ela foi, como ela é e o que fazer diante disso.

E quando o estiver lendo, pense na antiga Grécia, a pátria de Homero e Sócrates, a pátria onde a crença no destino e na sabedoria acabaram por andar lado a lado.

Pense sobretudo na origem do seu nome, os sofistas foram os primeiros a não se conformarem com o destino.

Eles procuraram compreender o que cumpre fazer em relação a ele.

Faça o mesmo você e então entenda que precisa ficar boa!

Beijo,

Jaap

Por que é que não têm camas mais largas aqui? Daí o Jaap poderia passar o dia todo lendo para mim os seus heróis: Virgílio, Primo Levi, Spinoza e Rousseau. Não que eu melhore tanto com esses filósofos todos, mas ajuda a passar o tempo. Por que é que tive de trocar o Doutor K. pelo Doutor L.? Por que é que o hospital ocupa uma parte tão grande da minha vida a ponto de eu acabar por procurar nos meus médicos a satisfação do meu romantismo?

Acorrentada ao soro, é um constante ir e vir de jalecos brancos: enfermeiras, residentes, plantonistas e – no topo da escala – o meu médico pessoal. Visto da minha cama, é quase como uma comédia pastelão. Como paciente, observo e distingo claramente quem é o profissional experiente que salva vidas e quem nem bem largou os livros didáticos. E escuto as conversas entre as minhas enfermeiras, sempre a par de todos os acontecimentos e intrigas, que na maior parte das vezes desenrolam-se só dentro da minha cabeça.

– Como foi o seu fim de semana? Trabalhou?

– Trabalhei, mas não na seção. Tive que ser DJ na Paradiso.

Minha enfermeira Esther não está só no ramo dos cuidados aos enfermos, como é DJ também.

– Ah. E a frequência masculina?

– Olha, você se lembra do Gerard? Aquele que passou um tempo aqui no ano passado por causa de um seminoma... câncer no testículo, sabe? Então, ele ficou dançando bem na minha frente. Supergato.

– Mesmo? Puxa.

Bom saber. Semana que vem estou lá. Mas antes, nos ocupemos do Doutor K. que me leva à força para uns amassos num lugar escuro: simples instinto de sobrevivência.

Não fantasio só para mim, mas também para as minhas visitas. Subtraídas da sua bem-merecida horinha de sol, estão fielmente plantadas à beira da minha cama.

– Tá bonito lá fora?

Ou, quando chove:

– Tá chovendo? – no tom mais amigável possível.

É muito ridículo quando não tenho nada a acrescentar em uma conversa. Sei bem como é isso por causa das poucas visitas à minha tia que passou dias demais da sua vida no hospital. Eram horas plantada lá com toda a família, produzindo uma conversa sem pé nem cabeça e sequer estar propriamente presente ali. Impotência e constrangimento. A que está acamada é, de todos, a que menos incomodada está com a situação.

E hoje essa pessoa sou eu. Por isso tomei a decisão de franquear o acesso àquela cama somente a um pequeno grupo de pessoas, evitando pedir a cada um que encontro que apareça para uma visitinha com o fim de matar o tempo. Só família, bons amigos e gente que sempre acaba por se aproximar movida por suas boas intenções. Não fico obrigada àquele constrangimento todo no pé da minha cama. Antes ficar sozinha e me deixar levar pela história do Lance que teve pensamentos como estes, num lugar como este e pendurado num soro como este. Eu, Lance Armstrong. Para matar o tempo, ele encheu baldes e mais baldes com o seu vômito. Eu prefiro escrever, jogar *sudoku* e médicos com um K. e um estetoscópio. O Lance voltou a montar na bicicleta e ganhou o Tour de France. Eu voltei a caminhar até o fim do corredor e com isso dei um passo a mais. Não sou nenhuma ciclista, mas seguir em frente é algo que também posso fazer. Como o Lance. Lance, meu exemplo, meu ídolo, meu amigo.

Não preciso de tanta companhia no meu infortúnio: salas cheias de cabeças carecas, um retiro de fim de semana com todas aquelas cabeças ou aquele ajuntamento de crânios cobertos ou não por perucas num castelo espiritual na cidade histórica de Amersfoort. Mais me vale o livro do Lance sobre o travesseiro. É verdade que já visitei vários sites sobre câncer, sobretudo na juventude. Às vezes pode ser meio solitário ter a doença sozinha. Todo mundo leva adiante seus projetos em áreas que há pouco tempo eram muito importantes e decisivas para mim também. E hoje, eis-me aqui, dando importância a caprichos sem maior importância e tratando de sobreviver um pouco. Um único tubinho estúpido soltando bolhinhas de ar.

Sexta, 20 de maio de 2005

– Lá vem você de novo. Hoje veio fazer o que aqui? Aporrinhar o Doutor L. de novo com aquele monte de perguntas? E quem é esse aí? Seu marido?

A Annemarie sai de trás da mesa com um sorriso no rosto.

Olho para trás e vejo uma paciente da C6 encarquilhada e meio grisalha que pelo visto já não vai suspirar por muito mais tempo. Essa Annemarie... Uma figura.

Cheguei a perguntar ao Doutor L. uma vez se não tinha uma influência positiva que eu, mesmo com meu prognóstico incerto, evitasse andar por aí feito uma prisioneira esquálida do C6, mantida a pão e água. Ele achou que sim, felizmente.

No meu ambulatório de sempre, eu bem que me divirto com a Annemarie e a Ploni. Elas sempre me fazem dar risadas. Às vezes, vou com o meu amigo alto lhes dizer um "oi" só para espantar com uma boa risada a monotonia da minha quarta semana de hospital. Esqueço-me logo de todo aquele ambiente quando a Annemarie começa a contar as suas aventuras mais constrangedoras, como quando ela se espatifou de costas – com câmera e tudo – na fonte de Alhambra, em Granada.

No caminho de volta para a C6, passo pela entrada da capela do hospital e decido dar um "oi" ao meu amigo Jesus. Ele está sempre por lá mesmo... e agora lhe tenho feito visitinhas regularmente a ele. Não por um remorso hipócrita de, antes tarde do que nunca, pôr mais empenho na minha amizade com o Senhor, mas por uma decisão sincera de espantar com a oração a monotonia que sinto na OLVG. Em companhia do meu suporte de soro que não para de apitar, vejo como Jesus me olha do alto desta capela, naturalmente, branca. De mansinho, para não perturbar a tranquilidade do ambiente, vou até ele e acendo uma velinha em prol do bem-estar coletivo e outra para me trazer sorte, mas como representante do meu amigo alto, porque acender uma vela para mim mesma não é correto. Mas é o que os olhos graves de Jesus parecem estar me pedindo. Em seguida, vou me sentar num dos bancos vazios e evidentemente brancos da capela. Só para ficar um pouco sentada mesmo, porque rezar, como ateia, agnóstica ou ambos, não dá pé. Então, com o olhar perdido ao longe, acabo imersa em pensamentos profundos e belos até ser despertada brutalmente pelos apitos do meu companheiro de congregação. Resignada, conecto-me à primeira tomada que encontro no corredor do OLVG. Resolvo a questão da bomba com destreza e volto à imobilidade e ao silêncio.

Quando já estou suficientemente recarregada para uma nova caminhada, vou até a sala de orações dos muçulmanos. Vivemos num país aberto e acho que na terra dos árabes é fim de semana.

Meio atrapalhada, enrolo meu cardigã na cabeça e sento-me no chão, sobre as pernas. Será que vou ter novas inspirações e *insights*? Mas aqui também minha bateria reclama por atenção e minha nova atividade não ajuda a combater a monotonia. Abandono, então, a sala tranquila e vou andando em câmara lenta, como um discípulo em direção ao mestre, para as portas do elevador que me convidam a entrar. Para o fim da jornada.

Minha jornada. Para a luz. A minha luz.

Lá chegando, entro no elevador e compro uma passagem só de ida para cima. Ou será um bilhete de ida e volta? Meu amigo altão está dizendo que sim. O elevador para no segundo andar e as portas se abrem lentamente. Para minha satisfação, aparece meu jaleco branco preferido e o Doutor K. dentro dele. Ele me olha com simpatia e um pouco de malícia e se posiciona bem atrás de mim. Precisava tão perto? Estamos dividindo o espaço só com duas enfermeiras que discutem sem parar em um espaço onde cabem confortavelmente duas macas e uma equipe.

Ouço as enfermeiras falando da festinha dos funcionários no próximo fim de semana e me pergunto se não acabaria por encontrar o Doutor K. lá, mas sem o uniforme nesse caso. Ele fica mais bonitão com.

Sinto a respiração dele no pescoço. Reajo com uma leve transpiração: pelas costas, nas axilas, entre os dedos. Os suores noturnos já passaram, mas não deixei de suar. O que há três meses se devia aos tumores, agora se deve à persistente paixão pelo Doutor K.

O elevador para de novo, desta vez no terceiro andar, e abre as portas para as enfermeiras que discutem sem parar. Já começo a saber de cór o caminho delas, das tantas vezes que percorri o trajeto até a C6 e até a minha antiga seção, a A8. Nesse trajeto, passo primeiro pela Radiologia e depois, por via dos recém-nascidos, chego à Cardiologia, Cirurgia, até uma parada compulsória na Oncologia, Neurologia, seguindo então para a seção de Pneumologia/Ortopedia, no oitavo andar, amiúde conhecida no OLVG como "a seção do Doutor K.".

As enfermeiras somem de vista e a tensão no meu estômago aumenta. Ainda faltam três andares para mim e cinco para o Doutor K. Com um pouco de sorte, o elevador vai continuar no seu ritmo habitual e hoje também levará cerca de quatro minutos para chegar lá. Quatro minutos sozinha com o Doutor K., a portas fechadas. Sinto a sua respiração. Não só na minha nuca, mas também passando pelas orelhas e pelo pescoço. Minha penugem fininha se eriça de susto. Tudo dentro de mim começa a arder de calor. Tive que passar por poucas e boas, mas agora finalmente estou vivendo a minha mais ousada fantasia de médico e paciente.

Estamos meio sem jeito um atrás do outro. Cabe a ele interromper o ritmo das respirações, inquirindo interessado pelo estado do meu corpo – dos meus pulmões, em especial.

– Que susto você nos pregou, hein?

Eu me viro e dou um sorriso sem graça.

– Acho meu oncologista horroroso e grosso.

O Doutor K. ri solícito e me informa que estou em boas mãos sob os cuidados do Doutor L.

– E estou acompanhando o seu caso. – completa ele.

– Você vem me visitar de vez em quando? – pergunto eu.

O elevador vai perdendo velocidade. Ele pisca um olho e se curva para me dar um beijo simpático no rosto. É uma bela viagem que me leva por mundos desconhecidos. Deslizamos ligeiros para o alto. Vou chegando mais e mais alto, cada vez mais perto do meu destino final.

Bipe.

As portas se abrem e desperto do meu devaneio para acordar de volta na mais interminável monotonia. A monotonia sem fim que me levou a contemplar a arquitetura branca da capela e da sala de orações dos muçulmanos. A monotonia que me fez buscar tranquilidade e me permitiu dela desfrutar. A monotonia que me faz sonhar.

"SEXTO ANDAR, ONCOLOGIA", leio pela fresta das portas. Estou de volta à minha realidade: a seção dos corpos definhantes e das cabeças carecas. Com uma sensação boa no estômago, o Doutor K. fica para trás.

Sábado, 21 de maio de 2005

O sol brilha. Também fora da OLVG. Para sabê-lo, não faz falta abrir os olhos, a quentura penetra nas minhas pálpebras fechadas. Acabou-se a semana de hospital e quero sair. Abro os olhos e vejo as horas no telefone, que durante o sono caiu em algum lugar pela cama: meio-dia e meia. "Levantar!", gritam todas as cores através da janela.

Adoro ser acordada pelo calor do sol ofuscante ou pela chuvinha suave que me desperta do sono gota a gota. Não quero mais saber de despertadores, mas sim do tempo para mim mesma. Nada de listinhas, nada de obrigações e horas marcadas. Tábula rasa. Em branco. Tranquilidade. Ócio. Câncer e fruição da vida ficam bem próximos um do outro.

Entro no chuveiro e ensaboo o corpo todo. Nada de pressa. Curiosa, observo as mulheres desenhadas na cortina do chuveiro. Há inúmeras, todas beldades e com seios diferentes. Metodicamente procuro pelos meus próprios seios, pequenos, arredondados e com mamilos pouco salientes, pelo menos quando não estou no chuveiro. Encontro-os numa garota com cabelos longos e cacheados, com os braços para o alto e o queixo voltado para baixo. Esfrio o chuveiro e ainda fico alguns instantes sob a água. Para ativar a circulação.

Trato de me secar e me arrumar. Ao me arrumar, ponho a Daisy na cabeça, levanto os braços para cima e requebro para a direita. Vejo a garota da cortina do chuveiro. Hoje sou Daisy.

Uma e meia: boa hora para um *brunch*. Frito um ovo e observo a clara ficando cada vez mais branca e a gema cada vez mais amarela. Já passou o tempo de fazer mil coisas ao mesmo tempo. Acabo de começar minha vida de pensionista do Estado.

Só depois de comer até o último bocado do ovo, procuro o número do Rob no meu celular. Não responde. Deve estar filmando nuvenzinhas para o programa do Piet Paulusma. A Annabel, sim, atende e combinamos de nos encontrar em uma hora no Finch, um café no Noordermarkt.

É o tempo justo que preciso para alisar o cabelo e mandar um e-mail para o Doutor L., para deixá-lo a par das minhas fisgadas e formigamentos – desde que começou meu tratamento, não consigo mais distinguir as fisgadas causadas pelo tumor do mal-estar causado pela quimioterapia – e consultá-lo sobre alternativas para a obtenção de braços, pernas e rosto bronzeado. Evito o sol porque ele pode causar manchas de pigmentação. Do que a quimioterapia não é capaz!?

Entre uma e outra clínica de bronzeamento artificial da Haarlemmerstraat, dou de cara com a Michelle. Conversamos sobre o câncer e sobre os encantos da pele bronzeada. Ela acaba de ser operada do câncer de mama e, portanto, conhece o enredo, embora no caso dela nem dê para notar com aqueles peitos enormes. Para mim, ela se chama Anita e para ela, chamo-me Daisy. De pronto o contato fica facilitado com aqueles cachos compridos e loiros.

Mas que amor que ficou, pensamos ambas.

Mas que doença de merda, pensamos ambas também, que te impede de ganhar uma corzinha.

Ao me despedir de Anita, não pude deixar de pensar numa conversa de meses atrás, antes de todo este pesadelo ter começado. Um amigo me disse àquela altura que eu sou daquelas pessoas para quem está sempre tudo bem. Isso ficou na minha cabeça. Ainda continuo sem saber o que achar disso. Tenho dificuldade de distinguir as coisas bonitas das feias.

É verdade que me contento com tudo. Quer dizer, quase tudo. Gosto de camisa amassada, como se tivesse saído de uma garrafa, acompanhada da barba por fazer. Mas gosto também de camisa Armani cuidadosamente passada a ferro, com mocassins combinando e dentes branquinhos para completar. Gosto de mauricinhos e de homens rústicos. Gosto do estudante ensebado, do cosmopolita *fashion*, do frequentador cheio de lábia da Côte d'Azur. Gosto do filósofo que derrama suas ideias ao mesmo tempo em que solta a fumaça de um beque, gosto do garotão de academia com a cabeça vazia. Gosto do Doutor K. Gosto do Liam Neeson com uma camiseta justa, mas também do Liam Neeson como Schindler. Gosto de homens e homens.

Mas agora que estou com câncer, posso detestar tudo. Descontar em tudo, xingar qualquer um, disparar para todo o lado. Câncer aos vinte e um. A vida já não é mais minha amiga e sim minha inimiga. Minha primeira inimiga. Meu primeiro ódio. Meu primeiro pessimismo verdadeiro. Mas o câncer também se tornou meu amigo, pois o câncer me deu a oportunidade de sentir intensamente, desfrutar da vida intensamente, pisar intensamente no chão por onde caminho, estar intensamente sozinha e ser feliz dessa forma. Agora gosto mais ainda de camisas amassadas e de camisas Armani passadas cuidadosamente, mauricinhos e homens rústicos, estudantes ensebados, cosmopolitas *fashion* e frequentadores cheios de lábia da Côte d'Azur, filósofos e garotões de academia, Doutor K. e Liam Neeson, homens e homens. O câncer me deu o Jurriaan e um assistente de mercado que escolhe com cuidado minhas beterrabas, kiwis e bananas antes de me entregar a compra. Um florista que, quando não estou olhando, põe uma orquídea violeta na minha sacola. E, droga, nem assim consigo odiar tudo intensamente.

A terrível injustiça, a solidão medonha, o medo irreal e real. E, droga, tenho um novo amigo. Um novo melhor amigo: o câncer. Eu, a melhor amiga de mim mesma. Droga, eu sou daquelas para quem está sempre tudo bem mesmo.

– É como se fosse um seio em cima do meu seio – no Finch, tento explicar à Annabel que a caixinha que estou para receber acima do meu seio esquerdo deve ficar mais saliente do que meu seio de verdade. Não resistimos e caímos na maior gargalhada.

– Também vai ficar um tubinho para fora? – pergunta a Annabel para aumentar a piada.

Rimos de novo.

– Isso não importa, se vai te fazer sentir melhor.

– Estou com medo.

– Eu também. Mas olha para você. Está fantástica.

Sorrio. A Annabel tem razão, já estou com a aparência um pouquinho melhor do que em janeiro, quando os tumores atingiram o máximo de tamanho e agressividade.

– Mesmo assim fico com medo. Sei que os tumores estão diminuindo a cada dia. Mas e se eles não sumirem totalmente?

– Não há motivos para achar que isso vá acontecer.

– Não, mas mesmo assim eu penso, e muito.

A Annabel se levanta e me segura com força.

– Quando vai ser a sua próxima tomo?

– Quarta.

– E o resultado?

– Segunda.

Quarta, 1º de junho de 2005

– Bom dia. Aqui quem fala é a Doutora Van der Stap. Pode me transferir para o ramal do Doutor L.?

Escondida atrás de um dos muitos pilares de concreto no átrio do OLVG, telefono para a recepção. Felizmente, o meu médico acha graça. Ele – assim como seus honoráveis colegas – sabe como ninguém o quanto a burocracia pode ser uma ameaça para um hospital moderno. Estamos em pleno ano de 2005 e os porões do OLVG ainda estão cheios de volumosos prontuários. Temo ter uma certa dose de responsabilidade nisso. Parece que as sucessivas mudanças de um ambulatório para o outro tornaram impossível a localização do meu prontuário. A esta altura já deve haver uns quatro rolando por lá.

Mas o OLVG também apresenta inovações.

– Não, minha senhora, infelizmente não posso fazer nada. Realmente preciso do seu cartão de identificação.

Com toda a educação, repito meu número de paciente e explico com todas as letras que não estou achando o tal cartão. Considerando o número de vezes que pus e tirei esse cartão da bolsa, do bolso da calça e da carteira, chego a ficar orgulhosa de ser só a terceira vez que entro nesta fila para fazer cartão novo.

– Não, minha senhora, a partir de segunda-feira vamos trabalhar com um sistema novo. Agora temos que escanear tudo. Sem o cartão, infelizmente, não posso fazer nada.

O protocolo de marcação de consulta – preenchido pelo meu médico de próprio punho – está na mesa bem diante do nariz dele. SENHORA VAN DER STAP 08:00.

Nesse meio tempo, já são 8:07. Faz sete minutos que estou balançando meus cachos dourados nesta luta vã e volto à minha fila já familiar. Sinto que meu coração está batendo mais rápido a cada minuto que passa. Plantada nesta fila, prestes a ouvir o prognóstico do médico: situação mais maluca não dá para imaginar.

– Fica em cinco euros, minha senhora.

– O quê? – digo – Agora ainda vou ter que pagar por causa desse disparate? Mas o meu cartão está em casa... – resmungo.

A touquinha atrás do balcão não dá mostras de reação. Até os cílios dela estão congelados em *stand-by*.

Que me importa esse dinheiro? Com os olhos cheios de lágrimas, recebo o meu novo cartão.

08:14. Merda! Meu médico me proibiu de chegar atrasada. Telefono para o "meu" dileto colega, mas ele não me dá ouvidos.

08:17. Com o passo apertado, transponho o balcão, esgueiro-me por entre anciões e outros obstáculos que estão no meio do caminho. Eu sou mais importante, não?

– Ah, Senhorita Van der Stap, está tudo em ordem, viu? Já encontrei o seu pedido. Não tinha entendido que era a senhora.

Não sabia que eu era quem? A garota do pedido? Que energúmena.

Tensa, vou me sentar numa cadeira vazia da sala de espera. Está cheio. Eles me dão uma caneca com água e um troço radioativo dentro. É para tomar tudo. Um litro de água em uma hora. Não entendo. Da última vez tomei um *soro* com um troço radioativo dentro. O velhinho – que se sente revalorizado desde que começou sua vida de voluntário do OLVG – tenta me explicar a razão do por que estão dando numa caneca desta vez, ao invés de injetarem.

– Tem que tomar tudo.

– E posso saber por quê?

– É, tem que tomar tudo.

Por fim, um dos funcionários vem me tranquilizar. Este sim, pelo menos ganha um salário e compreende melhor de onde vem a minha incompreensão.

– Hoje vamos escanear o abdome também e nesses casos empregamos substâncias diferentes.

Vou me sentar. E nada acontece, por mais de uma hora. Nada além de ficar sentada, esperando e bebendo água.

Sexta, 3 de junho de 2005

Esperam-me dentro de vinte minutos no ambulatório de Cirurgia. Chegando ao laboratório para o meu exame de sangue semanal – no caminho que vai da Oncologia à cafeteria – pego a senha número 871. Ainda há oito na minha frente. "Ótimo, dá tempo". Da recém-remodelada cafeteria do OLVG – onde tudo foi mudado, exceto as tortas velhas do balcão –, consigo ficar de olho em que número está. Um café e dois sachês de creme depois, chega o meu número. A enfermeira extrai três tubinhos de sangue, cola as etiquetas e os coloca em seu devido lugar. Por cima do ombro do Doutor L., presto atenção a três números dos meus resultados, os outros não me interessam. Trombócitos, leucócitos e hemoglobinas.

Com um curativo adesivo no braço, apresento-me ao ambulatório de Cirurgia. Dose excessiva de OLVG para um dia só, mas isso faz, em contrapartida, que meus outros dias fiquem parecendo menos carregados de OLVG. Docilmente sigo a enfermeira até a conhecida salinha branca. Só que diferente, num ambulatório novo e com um médico novo.

Cinco minutos depois, com as expectativas nas alturas, ouço a porta abrir e concentro-me para absorver toda a beleza do meu novo médico. Um novo herói, sem sombra de dúvida: uma bela cabeça jovem, braços fortes, cintura fina e sapatos sem furinhos. E em pensar que a Daisy anda chorando pelos cantos pelo Doutor K... Que me deem o Doutor "Lindão com Braços Fortes", ao invés de um homem de família com sapatos de furinhos que já tem ocupação para o dia dos pais.

O cirurgião também coleta os meus dados para produzir um novo prontuário. Em seguida, ele me relata como será a intervenção: um corte acima do seio, inserção de uma caixinha e conclusão com a sutura. Isso mesmo, o Doutor L. decidiu costurar um peito extra em mim. No hospital, isso se chama *port-à-cath*. Mesmo que seja para deixar meus braços mais bonitos – porque agora o que se vê neles é uma trilha de vasos mortos –, deve provocar dificuldades com o meu decote no verão. E logo agora que decidi passar meus dias de verão no Sul da França. Já estou me vendo com essa bolota esquisita. Mais uma marca no meu corpo. Mas desta vez não causada pelo Doutor K., que se retira modestamente ao segundo plano, mas pelo Doutor Bonitão de Braços Fortes que assume o protagonismo.

Sábado, 4 de junho de 2005

Sou de longe a mais jovem dentre todas as mulheres que correm à minha volta. Vejo mulheres com maridos e filhos, senhoras com ex-maridos e pais falecidos, senhoras com calcinhas que melhoram a forma e botox, senhoras com barriga e seios caídos, senhoras com babás e faxineiras, senhoras de coque. Em suma, senhoras com uma vida, com uma história.

Hoje é dia de troca de roupas na Tania, uma amiga da minha mãe que nunca conseguiu deixar os anos 1960 para trás. Nem na roupa e nem nas rugas. Tomamos café, comemos bombons e rimos. Gosto de ver toda aquela mulherada se metamorfoseando, provando roupas, tirando medidas e ver que, aos cinquenta, elas ainda têm dentro de si a mesma menina que eu.

Esse pensamento me faz parar por um instante. Parar no tempo que insiste em seguir, mas também no mundo atemporal onde todos vamos acabar um dia. E eu, talvez, muito antes do que todas as tetas caídas à minha volta. Tento entender isso melhor, mas quanto mais reflito mais distante vou ficando das senhoras que se movimentam tão animadas à minha volta. Isso tudo me deixa triste e confusa. Confusa porque o tempo põe um fim a todas as histórias e as esquece. Triste porque o tempo pode pôr um fim à minha história muito brevemente, privando-me de todos os maridos e calcinhas corretivas. Porque o tempo, por trás de toda esta encenação, já pode, em seis meses, ter um caixão preparado para a Daisy, a Stella, a Sue e a Blondie. Logo, para mim.

De repente, perco o interesse pela saia roxa e pela blusinha dourada que pesquei cinco minutos atrás dentro de uma pilha de roupas. Abandono-as numa outra pilha, mas levo um susto ao reconhecer a mesma saia nas mãos de uma desconhecida barriga caída. Mesmo sem a desejar muito, eu quero desejá-la. Quereria que isso me importasse, por anos e anos ainda.

Gosto de carregar comigo o *Livro Tibetano dos Mortos,* por mais solitária que seja a sua leitura. Acostumar-me um pouco mais com o meu caixão – e possivelmente até tornar-me amiga dele – parece-me *a* solução para me livrar da frialdade do meu estado de espírito de hoje. Mas insistir no tema "e se tudo der errado" é o mesmo que lembrar a todo instante que o caixão pode estar de fato bem próximo. Discutir sobre que tipo de caixão me cai melhor não é propriamente um assunto que se trate nas mesinhas da calçada de um café de Amsterdã, tomando um suquinho de tomate. E tampouco numa casa ao lado do Parque Sarphati, com vinte mulheres desenfreadas correndo freneticamente para cima e para baixo. Não, numa situação dessas convém antes falar sobre o meu último penteado ou minhas sandálias de verão.

Quisera eu estar lá nesse dia, mesmo que fosse só para pular de repente de dentro de um bolo amanteigado horroroso e transformar a tristeza numa grande festa. É assim que fazem em outros países. No Caribe, por exemplo, só ficam dançando e paquerando. Para que ficar chorando por causa da morte se já sabemos que ela virá de qualquer forma? Por que não celebrar a vida? A minha vida? Mesmo sendo curta, é bonita o bastante para que se possa lembrar com um grande sorriso no rosto. Levanto-me e vou à procura da blusinha dourada. Encontro-a vestida no corpinho de cinquenta e cinco anos da minha mãe.

– O que é que você acha desta saia? E desta blusa?

Não há dúvidas que minha mãe e sua amiga Maud gostam de experimentar roupas diferentes.

– A saia está legal, mas a blusa não me diz nada. Está apertada para você. Parece mais do meu tamanho.

Quero voltar a dançar, paquerar e namorar. Exatamente como antes, só que de peruca. E exatamente como antes, lançar-me para dentro da noite desconhecida que terá um desfecho surpreendente. Já estamos em junho, o sol brilha até mais tarde e o vento vai ficando cada vez mais suave e quente. Expectativa de Primavera. Estimulada pela saia da Maud e as calças da minha mãe, agarro de uma pilha no chão um vestido com *glitter*. Pego o celular, mando um SMS com o assunto "urgente" e vou procurar um casaquinho para combinar com o vestido.

Ainda meio desacostumada, mas ao mesmo tempo como se nunca tivesse estado afastada, subo a escada do Rain, um novo clube que abriu onde era o antigo cassino da Praça Rembrandt. Escolhi o vestido mais bonito e os ousados cabelos ruivos da Sue. Agora meus cílios são totalmente postiços, mas os falsos são mais bonitos e longos. E bem que curto um falsozinho. Os brilhos do vestido trespassado dançam, refletindo a luz suave do interior do clube. O bronzeado produzido à custa de um creme me dá a confiança necessária para entrar no novo clube noturno com o máximo de pele a mostra. Só os pelinhos arrepiados dos braços denunciam o meu estado de nervos. Porém, já não tenho mais pelos nos braços. Então ninguém nota.

O Rain tem uma iluminação meio escura e cheia de atmosfera. A escuridão propicia o distanciamento que procuro. Quero me atirar na noite desconhecida, esquecer de tudo e simplesmente me divertir como uma garota sem história.

No meu prato, um peixe diabo nada num creme amarelo. À minha mesa está sentado Arthur, um jornalista especializado em farejar as últimas tendências; desses cavadores que não desistem nunca de uma boa notícia. Ele gosta de me levar para jantar, ocasião em que tomamos uma boa taça de vinho e compartilhamos de uma boa prosa. Depois de servir a última gota da garrafa e as taças ficarem vazias, passamos aos *mojitos*. Segundo o amigo dele, que vem se juntar a nós mais tarde, todos aqueles copos de vodca seguramente matarão minhas células cancerosas que tenham resistido à quimioterapia. Depois dou essa ideia ao meu médico.

– Vida saudável, Sophie – disse-me o Doutor L. – Comer bem, dormir e sobretudo descansar. Dentro do seu corpo está acontecendo uma grande batalha.

Ainda mando ver num último gole de vodca. Depois de quatro meses ouvindo falar disso, as folhinhas de hortelã e o açúcar mascavo têm um sabor mais que divino. A bebida desliza goela abaixo sem nenhum sentimento de culpa. Esta noite é como se fosse alimento para a mente.

Logo perco o Arthur de vista na pista de dança. Quando o avisto, ele está conversando com uma antiga colega de classe minha, da Escola Barlaeus. Ela é superalta, magra e, desde que a conheço, submete-se rigorosamente a uma dieta de creme chantilly. Faço uma varredura da pista de dança e meus olhos pousam numa gravatinha dançante. Esqueço do Arthur e os meus cabelos ruivos saem à caça, balançando alegres ao ritmo da música e me fazendo cócegas no pescoço nu.

A gravatinha dançante solta gemidinhos com a cabeça no meu colo, eu estou quase dormindo no banco do táxi. Agradavelmente bêbada de vodca, mas também da noite que pude viver de forma tão anônima. O garoto ao meu lado me vê como uma garota jovem, animada e de cabelo super *fashion*. O tema da nossa conversa não foi além da música disco e de tênis Allstar.

– O que você faz da vida?

– Estou dando um tempo depois de terminar o colégio.

– Ah, legal.

Nem vestígio da solidão que sinto ao fazer segredo da minha história. Nem vestígio daquela garota ruiva e misteriosa que ele acaba de tanto alegrar, agradando-lhe os cabelos enquanto a beijava, totalmente desconhecedor do seu verdadeiro mundo. Desconhecedor de que não foi só o coração da Sue que ele ganhou, mas também o da Daisy, da Stella e da Blondie.

Despedimo-nos com um longo beijo na boca. Saio do táxi para adentrar o meu mundo próprio. Depois de amanhã tenho que me apresentar de novo ao OLVG. Disse à gravatinha dançante que ia tirar uma semana de férias. Só com a mala de mão até o aeroporto e um bilhete promocional de última hora para Marrakesh.

Se ele soubesse que essa história toda nunca se concretizou, permanecendo só como um sonho da minha cabeça, e que hoje estou a três quadras de distância dele. Três quadras e um mundo inteiro, que eu, dançando com ele, pude esquecer.

Domingo, 5 de junho de 2005

Romântica como sou, tenho fantasiado já há algumas semanas com um simpático companheiro de câncer. Alguém como o Jur ou até alguém que ainda não se tenha livrado dos tumores. Alguém que vai e volta comigo se arrastando do hospital, atazana os médicos com listas de perguntas chatas e me abraça quando choro à noite na cama e me sinto solitária. Na primeira vez que nos encontramos, o Jur me perguntou se eu tinha namorado: "Não, mas muito bons amigos," respondi.

Só agora entendo a pergunta. Esses amigos vêm tomar café comigo e visitam-me fielmente no hospital, mas à noite eles voltam cada um para a sua casa. Cada um para a sua própria cama. E eu fico sozinha com o meu medo.

O Jur me fez ver esse medo de outra perspectiva. Agora já sei reconhecê-lo, posso lhe dar um nome e, assim, lidar com ele. Estar doente ganha uma função, o medo torna-se coragem. A coragem necessária para aprender a viver com câncer e assim fazer as pazes com os meus próprios medos. Ele conseguiu eliminar, em boa medida, o vazio que havia dentro de mim, aquela solidão infernal. Depois de ter uma conversa com o Jur, sinto como se eu pudesse fazer frente a qualquer câncer. É como se o câncer fosse um presente ao invés de um castigo. Uma prova. Não dá para descrever o efeito mágico que ele tem sobre mim. Não são só as palavras dele, mas também a segurança com que ele as pronuncia. Podem chamar de espiritualidade. De milagre. Podem chamar de Jurriaan.

Vejo-o já sentado numa mesinha da calçada do Café De Winkel, com uma torta de maçã com chantilly à sua frente. Hoje ele está com uma camiseta verde "cheguei", que faz um belo contraste com os seus braços bronzeados 365 dias ao ano. O seu cabelo escuro cai irreverente sobre a testa:

– Cabelo de cor diferente, hein?

É, além de tudo ele me faz rir. Hoje a Sue está com rabo de cavalo. Nos últimos dias, tenho preferido a Sue a Daisy ou a Blondie, porque agora já não me sobrou mais nada das sobrancelhas e dos cílios. Trocamos três beijos no rosto, como de hábito, e já enveredamos por assuntos tais como dactinomicina, dexametasona, metástases e outros dissabores. O Jur então olha para mim e diz que esta peruca é a que ele acha mais legal.

Isso não me ajuda em nada a diminuir a tensão. Quero dizer a ele que a noite me sinto muito só e quero ficar junto dele com toda a minha tristeza. Em vez disso, fico quieta e guardo os meus pensamentos para mim, com medo de espantar este que, ao meu ver, é um pilar de sustentação tão importante.

O meu prontuário veio junto e o Jur começa imediatamente a examiná-lo. Não sei se eu dou mais valor aos conhecimentos que ele adquiriu por causa da doença ou pelo estudo da medicina, mas sei que a combinação funciona às mil maravilhas. Cada decisão tomada pelo meu médico é discutida em pormenores, o que me faz perceber cada vez mais claramente que o meu médico é extremamente parcimonioso ao expressar as suas esperanças em relação ao meu caso.

– Vai ajudar em alguma coisa esse *port à cath*? O meu médico falou maravilhas, porque as minhas veias são difíceis de achar.

– Vão pôr em você? – pergunta o Jur.

– Terça-feira. Está cada vez mais difícil de achar a veia.

– É uma caixinha que fica ligada por um tubinho ao coração através da artéria subclávia direita. Tem esse nome porque passa debaixo da clavícula.

– Ã-hã. E em holandês, o que significa?

– Eu também tinha um. Olha, o meu era aqui.

O Jur levanta a camiseta. E tem pelos no peito, ainda por cima... Vejo uma cicatriz horizontal de oito centímetros do lado esquerdo do peito dele.

– Eu não quero uma dessas.

– É bem prático mesmo, viu? E não incomoda em absolutamente nada.

– Em nada se você não for usar camisetas mais decotadas. Daí, não mesmo.

O Jur me tranquiliza dizendo que fica quase imperceptível. Mas eu não tenho pelos no peito.

Segunda, 6 junho de 2005

Procuro identificar o resultado do exame na maneira como ele me cumprimenta. Ele me olha um pouquinho mais demorado do que o normal. A cada dia que passa, o seu cumprimento vai ficando mais caloroso. Começo até a achar esse homem simpático. O Doutor L. chega a rir um pouquinho, diz algo espirituoso sobre a Daisy e logo procede à ordem do dia.

– Bom, o resultado foi positivo de novo. Os tumores diminuíram ainda mais. Ainda não acabaram de vez, mas...

– E deviam já ter acabado?

– Bom, da próxima vez, sim. Daí já teremos te dado praticamente tudo o que temos em termos de quimioterapia. Depois você só vai receber a dose de manutenção.

– Mas isso é bom ou não?

– É, Sophie. É bom.

Posso voltar a respirar aliviada, o que já não fazia há alguns minutos. Eu e o papai seguramos as mãos um do outro de levinho. Saio daquela sala, que antes me causava tanto medo, com um sorriso largo no rosto e vou dar um abraço apertado na minha irmã.

Terça, 7 de junho de 2005

Acordo, mas ainda demora um pouco para me dar conta de onde estou. Vejo um monte de camas brancas com gente deitada, dormindo ou desorientada. Tudo vai voltando à minha mente: o "OK", os braços negros musculosos do enfermeiro e depois o sono profundo. Mas também os *mojitos* e a penumbra do clube noturno do último fim de semana. Com o braço direito toco cuidadosamente a região do meu peito esquerdo. Meu *novo* peito esquerdo, devo dizer, porque o meu antigo foi deixado em paz nesta intervenção. Sinto um caroço todo enfaixado, bem debaixo da clavícula. Droga.

Enfermeiras desconhecidas vão e vêm apressadas à minha volta. Ainda estou vendo tudo borrado. De repente, a vovó aparece sentada ao lado da cama. Pelo visto, ela entrou enquanto eu cochilava. Ela está muito frágil e desorientada, dá para ver nos seus olhões azuis. Minha avó e eu somos loucas uma pela outra. Sempre que estamos juntas, esqueço que ela já tinha vivido cinquenta e seis anos antes de eu sequer existir. Ela nunca fala de dor. Creio que ela crê não ser apropriado. Mas quando pergunto, ela nunca deixa de responder.

– Vó, você fica muito triste por minha causa?

Ela fica quieta um instante. Os olhos grandes e penetrantes estão pensando.

– Fico – diz ela.

– Com muita frequência?

– Você sabe... Agora nada mais tem graça.

Silêncio. Dói, mas também me sinto acolhida. Estamos ligadas assim tão estreitamente a ponto de a minha doença determinar também o dia dela. Ela sempre traz para mim alguma coisa boa da loja de produtos naturais. Desta vez foram nozes, passas e damascos.

– Vão te fazer bem – diz ela.

Ela olha em volta discretamente e pergunta se meus pais e minha irmã já passaram por lá.

– Não – digo. E de repente começo a ficar muito agitada. Aquele bando de enfermeiras, que nunca tinha visto mais gordas, naquela correria, começam a me dar nos nervos. Quero ir para a minha seção, para o meu quarto, e continuar dormindo lá.

– É muito grande? – pergunto à minha avó, que se curva para frente para apreciar o trabalho dos médicos.

Ela faz que não com a cabeça. Mas a sua avaliação não me tranquiliza.

Mais tarde, quando já estou de volta à seção, cabe à Pauke tirar as ataduras. Fica num lugar que não dá para ver só olhando para baixo.

– Fizeram um trabalho muito bom em você – diz ela, examinando a minha nova protuberância bem de perto. Sorrio e espero todos saírem do quarto para examinar de perto aquele calombo horrível. Dois grandes riscos grossos de pelo menos uns sete centímetros passam por cima da clavícula e do calombo esquisito. Dois? Levo um susto. Sinto-me de novo mutilada, como da primeira vez que vi a cabeça careca de uma estranha refletida no espelho que por fim era a minha própria. É preciso seguir em frente, penso.

Pego as fotos onde apareço, com tanto gosto, fazendo para a câmera o gesto chulo com o dedo. Sempre as tenho à mão para as horas em que não sei mais para onde vou, como agora. Aqueles olhos. Aquela expressão. Aquele dedo. Na próxima segunda-feira já vou poder fazer a minha vigésima cruzinha encerrando a quinta semana de C6. Depois só falta mais uma, no fim de julho. Pisco o olho para me livrar de uma lágrima e trato de olhar depressa para outro lugar.

Quarta, 8 de junho de 2005

Estou cada vez mais parecendo uma paciente de câncer. Agora não só estou careca, como também tenho mutilações pelo corpo. Estou fascinada com aquele troço protuberante acima do meu peito, permanentemente conectado ao meu amigo alto. Fico o dia todo sentindo com os dedos e tentando me acostumar. Prendendo-o entre o indicador e o polegar, experimento deslizá-lo para lá e para cá, explorando até onde ele vai.

Sempre associei câncer com gente idosa, mas nos últimos anos tenho observado o contrário ao meu redor. Até minha mãe, tão bonita como ela é, e a Kylie Minogue estiveram às voltas com a doença.

Até eu. Talvez essa associação disparatada tenha sido causada pelos grupos de apoio ou qualquer outro tipo de válvula de escape organizados a propósito desses desafios brutais que surgem na vida. O apelo à espiritualidade está sempre presente. Não tenho medo de ousar um pouco em termos espirituais, mas acho péssimo me isolar do mundo comum atrás de um muro de taoismo e budismo como uma pobre paciente jovenzinha de câncer. Como se eu tivesse resolvido trilhar esse caminho por vontade própria e dele estivesse perfeitamente convencida.

Até agora não me distanciei tanto de outras pessoas da minha idade. É verdade que tudo está mudado mas, ao mesmo tempo, tudo continua igual. Muito a contragosto ainda continuo a experimentar roupa nos provadores lotados da Zara, ainda vou tomar sol e continuo regularmente a ler a Vogue e outras revistas femininas. Porque essas coisas todas continuam sendo importantes. Importantíssimas, até mesmo para não perder a realidade de vista. A realidade de querer fazer parte e de continuar adiante. A realidade da vitória sobre a solidão para a qual sou totalmente despreparada. Tenho que me livrar da ideia de me despedir definitivamente da minha vida de sempre em troca da biblioteca tibetana, da ciência médica ou da teoria do Sr. Carl Simonton – um importante guru para pacientes de câncer. Procuro manter a importância das coisas simples da vida, isolando-me o mínimo possível do que outras pessoas de vinte anos fazem. E simplesmente seguir vivendo, sem tanto câncer.

– Bom dia, querida, dormiu bem?

É a minha irmã que chegou com um sorriso radiante. Como hoje é aniversário da nossa mãe e no sábado o meu, ela traz uma sacola cheia de guloseimas e decorações de festa. Meu vizinho entorpecido estica os olhos para ver melhor, a vizinha também fica toda interessada.

– Beijoca! – exclamo animada, abrindo os braços para um abraço.

Sou mestre em fazer escândalos. E minha irmã é incapaz de me abraçar sem deixar escapar pelo menos umas lágrimas, hoje não foi diferente, e num segundo ela já está na cama comigo. Ela fica ali até chegar o visitante seguinte. Nesse meio tempo ela me dá um pouco de macarrão para comer – no hospital, você chega a perder mais peso por causa da comida que servem do que por causa da quimio – e em seguida aproveita para pegar o esmalte vermelho e pintar as unhas dos meus pés.

Então lhe conto da minha última fantasia com o Doutor K. E ela me conta de como será a sua vida de esposa expatriada e dos seus planos para se tornar mais do que isso. Ela vai começar um estágio. Seis meses nas torres do ING, em Hong Kong.

– Seis meses dentro da minha vida não é tanto assim – avalia ela.

– Não?

O namorado dela é "expatriado" – quase tão chique quanto diplomata – e a cada dois anos é mandado para um lugar esquisito. Foi assim que eles se conheceram, mas pela mesma razão vão se separar em breve. E por isso a minha irmã vai atrás dele. E eu também, portanto.

Já fechamos toda a cortina em volta da cama. Mesmo assim estamos falando baixinho para não incomodar os outros e, sobretudo, para não sermos incomodadas. Devagarinho ela passa a mão no meu calombo. "Ferimentos de guerra", é como ela chama as cicatrizes deixadas por esta batalha. Deixo o simbolismo para ela. É bem provável que ela esteja aludindo às marcas emocionais e não às mutilações do meu corpo. Enquanto digo "câncer", ela diz "luz cinzenta". Isso já dá uma boa mostra da capacidade romântica e de criar empatia que temos em comum. Minha irmã é boa para dramatizar com palavras. Aliás, ela pode dizer o mesmo de mim, visto todas as vezes que pronuncio a palavra "câncer". Cada uma de nós tem a sua prosa própria.

É bom ter minha irmã como um anjinho aconchegada ao ombro toda vez que a "luz cinzenta" vem espreitar pelo vão da porta. Em família não há por que ser comedida. Ela não hesita em sacrificar o seu tempo preparando para mim uma saudável sopa de legumes ou outro prato qualquer. Toda vez que ela entra no meu quarto com os seus ensopados feitos com tanto carinho, penso que também entraria no quarto dela com o mesmo ensopado tão afetuoso se as posições estivessem invertidas. Mais próximo não dá para chegar e isso a minha irmã entende melhor do que ninguém – mesmo quando ela, com a sua sacola de material reciclado, tem que se acotovelar com naturebas por minha causa na loja de produtos naturais. Às vezes, o namorado dela me conta como para ela é difícil lidar com a culpa, toda vez que chega do hospital, tendo constatado mais uma vez que o tempo continua parado para mim. Mas me parece que viver tão intensamente para outra pessoa é mais difícil ainda do que viver intensamente para si. Agora a minha família vive para mim, como eles já demonstraram inúmeras vezes.

Quinta, 9 de junho de 2005

– Você tem sorte, menina. Como você é jovem, tem mais chances de se curar.

Meu vizinho de frente me olha como se eu tivesse ganhado na loteria. O vizinho dele também faz uma expressão que não sou capaz de reproduzir.

– Perdão?

– É verdade. Para os jovens as chances de a doença voltar depois são menores do que para uns velhotes como nós.

Minha peruca ficou toda arrepiada. Como eu também, aliás.

"Por acaso já passou pela sua cabeça que talvez faça sentido poder morrer aqui com o soro espetado na veia porque você chegou a uma idade em que não tem mais nada a fazer a não ser decidir a que *hobbies* se dedicar?!"

Como gostaria de ter dito isso. Mas apenas sorrio e viro para o outro lado. Mais duas noites e poderei ir para casa. E com isso consigo ficar um ano mais velha.

Ajeito-me debaixo dos cobertores rumo à noite. Chorar é o que faço aqui, noite após noite. Choro de solidão por estar presa ao soro só com vinte anos enquanto meus amigos de quarenta estão cheirando pó num bar para esquecer da vida. Com três idosos no quarto, penso em como era a minha vida antes de tudo mudar, há dezenove semanas. Não acredito que exista solidão maior.

Sexta, 10 de junho de 2005

– Hoje você janta conosco? Frango com batata frita? – é a enfermeira Esther que pergunta com a cabeça esticada por detrás do biombo. Ela vem me levar do quarto coletivo. Não suporto mais a cara azeda dos meus vizinhos e um quarto individual acabou de ser liberado. Para mim são boas notícias, mas nem tanto para a família da cama vaga.

A Esther não é como as outras enfermeiras. Todas as enfermeiras são uns amores, mas a Esther, além de ser um amor, é bonita e, muito importante: jovem. Com a Esther dá para conversar sobre coisas próprias da minha idade: lugares legais para ir, cafés, maquiagem, iPods e homens. Porque os seus interesses não se limitam aos cuidados médicos. Então, com seus cabelos pintados de vermelho-fogo, ela vive discotecando por toda Amsterdã e redondezas e na quinta-feira, assim como eu e milhões de outras mulheres, assiste a *Desperate Housewives*. O horário dela é sempre às terças e quartas-feiras, mas hoje, uma sexta-feira, ela está trabalhando excepcionalmente. Isso quer dizer que vou poder desfrutar da nossa paixão comum confortavelmente deitada na cama, enquanto ela corre sem parar entre os pacientes da quimioterapia. Espero que todos os outros pacientes da minha seção também fiquem bem comportadinhos desfrutando desse verdadeiro *cult* americano. Assim deixarão quieta a campainha que causa interferência no volume da televisão. Infelizmente, contudo, a minha hora favorita no hospital coincide sempre com o horário de pico e a Esther acaba por ficar presa ao seu circuito, indo de cama em cama.

Conto à Esther da gravata de uns dias atrás, do jeito que o encontrei dançando e dos beijinhos que se seguiram.

– Você tem foto?

– Não.

– Que pena! Você também vai jantar agora?

Na mão, ela traz o cardápio da Saladetuin, a lanchonete da esquina.

– Claro, com prazer. – penso: não é lá essas coisas – Você já vai fazer o pedido?

– Não, só às cinco.

Ela põe o cardápio na minha cama e me desconecta da tomada.

Partimos com destino ao quarto 2. O Bas se encarrega do resto da mudança, chinelos e tal. São quinze para as quatro, um horário em que tudo no hospital parece muito diferente. A Esther acabou de começar, mas para mim já se passou um dia inteiro. A parte mais árdua, porque a maior parte das minhas visitas só chega depois das cinco. Logo chegam a vovó e meus pais, a Annabel e depois o Rob. Assim como meus pais e minha irmã, a Annabel permanece quase todos os dias ao lado da minha cama até que o céu passa de azul a cinza, as vozes no corredor vão diminuindo e eu fico sozinha com o meu amigo altão e os SMS do telefone.

– Conta um pouco do garoto!

O Rob está sentado do lado da cama, curioso para saber do gravatinha.

– Ele estava de gravata, um tênis bacana e os beijos que trocamos foram muito bons.

– E?

– E nada, ué. Já disse que para mim acaba por aí. Ele nem mesmo sabia que eu estava de peruca.

O Rob dá risada.

– Estranho porque a mão dele mexia sem parar no meu cabelo enquanto a gente se beijava. Não dá para entender como ele não percebeu nada.

O Rob ri mais alto ainda e vem me agarrar.

E nisso de agarrar ele é muito bom, tanto que se você não tomar cuidado pode perder o fôlego.

– O que é que você vai fazer hoje à noite? – pergunto.

– Acho que vou ao Franken en Kok mesmo. Para festejar o seu aniversário, à meia-noite.

O Franken en Kok, o café familiar.

– Como você é um amor. Amanhã eu saio do hospital. Provavelmente estarei me sentindo péssima, mas mesmo assim gostaria de ver vocês.

– Ah, a gente vem trazer uma florzinha para você. Ou melhor: um belo buquê... para a madame.

Já é noite e o Rob vai embora. Enquanto o barulho das suas botas contra o piso de linóleo vai-se extinguindo, algumas lágrimas solitárias descem pelo meu rosto. A Esther está correndo para lá e para cá. Olho para o meu amigo altão e vejo que a bolsa de líquido amarelo da quimio já está quase vazia. Em alguns minutos, o meu amigo altão vai apitar de novo e então a Esther vai entrar de novo no quarto com uma bolsa nova. A querida e bela Esther, com seus cabelos vermelhos-fogo que fazem tanto contraste com tudo que é tão branco e hospitalar.

Ela me vê no meu momento mais careca, sem cabelos, sem graça, escrevendo na cama.

– O Jochem vem amanhã, está lembrada? Eu te falei dele. Você tem que conhecê-lo. – disse eu.

– Ahn, como assim?

– Então, ele telefonou agorinha e disse que transou com você uma vez. Eu disse que não, porque ele tem sempre a boca muito grande.

– Ainda não transei com nenhum Jochem – diz a Esther, risonha.

Sábado, 11 de junho de 2005

Vinte e duas rosas amarelas na minha frente. Não gosto de rosas amarelas, mas estou exultante em contá-las. São vinte e duas exatamente. E com um cartão: "Infelizmente não posso levá-las pessoalmente". Não tem assinatura. Também não precisava, porque só tenho um amigo que escolheria essa cor e seria tão atencioso assim: o Martijn.

Que grande festa. O aniversário é melhor ainda quando, apesar de doente, você se dá conta de que ainda está ali para ficar um ano mais velha. Já quando você está saudável, você se dá conta de que, mais uma vez, vai ficar um ano mais velha.

Meu terceiro seio é a cereja no bolo. As enfermeiras entram cantando pelo quarto, com a Pauke à frente.

A Pauke não gosta de perder tempo. Então ela já trata imediatamente de desligar o soro.

Como eu também não gosto de perder tempo, já pus tudo na mala e estou prontinha, esperando. O Bas tinha plantão esta noite e também aumentou por conta própria a vazão da minha bombinha. O resto da seção também colaborou com eficiência para o meu cronograma. Como o nível de hemoglobina já está um pouco mais alto de novo – 6,5 –, hoje vou poder dispensar as transfusões de sangue.

Uma cadeira de rodas está pronta à minha espera. Devem ter pensado: ela está meio fraquinha. Sinto-me mesmo bem letárgica e me porto de acordo. Ainda ia protestar, mas ao me levantar vejo uma grande confusão de cores e manchas. Vou de cadeira de rodas da seção até o elevador. "Merda! Vinte e dois anos e eu numa cadeira de rodas".

Terça, 14 de junho de 2005

– Uma Thurman, "Pulp Fiction", é esse o cabelo que eu quero.

Tomo o último gole de chá, dou um beijo na Annabel, pulo na minha mountain bike e só vou parar dez minutos depois, na minha loja preferida de perucas. Logo fica claro que o preto é forte demais para mim, mas o mesmo modelo na cor castanho acobreado fica muito bem para a minha pele clara. Soltos ou presos num rabo-de-cavalo, os cabelos passam da altura dos ombros.

– Podemos aparar para você, viu?
– Quanto custa esta?
– 52,50 euros.

Olho para ela surpresa. É a peruca mais barata que já pus na cabeça até hoje.

Do meu lado uma senhora de pele escura está provando uma peruca. Por cima do cabelo crespo, ela experimenta um corte Chanel escorrido loiro quase branco. Dói nos olhos de tão sintético, mas o efeito é incrível.

– Será que eu podia provar aquela também? – pergunto.
– 52,50 mais 66 dá 118,50 euros. O laquê vai de graça, por conta da nossa política de fidelização.

Perucas, que glória. Seis perucas, seis nomes, seis vezes mais amigas e pretendentes. Seis subpersonagens, por trás de cada qual se oculta um pouquinho da Sophie. A Sophie insegura e amedrontada:

Stella. A sensual: Uma. A que está sempre rindo e cheia de audácia: Sue. A introvertida: Blondie. A Sophie aventureira: Platina. E a sonhadora: Daisy.

No dia em que descobri que tinha câncer, o meu espaço cresceu de uma quadra coberta para um campo de futebol. Não passo um dia sequer sem me lembrar de que outras pessoas estão pensando em mim. Cada uma delas está sempre disposta a fazer o que seja para mim: desde pagar um *drink* no Finch até me proporcionar um dia de paparicação num salão de beleza. Eu fico até com um pouco de medo de que esses mimos me façam esquecer como é ter que passar pela vida sem um par de braços acolhedores a cada esquina. Posso fazer de tudo, posso dizer tudo, posso descobrir tudo. E, felizmente, usar qualquer tipo de roupa ou acessório. Todos parecem cativados por mim toda vez que me encontram com uma peruca diferente.

– Essa ficou muito bem em você, hein? Legal como você lida bem com isso.

As minhas perucas me ajudam a ocultar aquilo que quero e a ousar ser o que pretendo. Conforme a peruca, crio o espaço que necessito para esse fim. O caos que reina na minha cabeça, oriundo da minha sede por tudo que é novo, me parece cada vez mais com uma estrada de pista única onde aparece uma ou outra bifurcação e cada vez menos com o labirinto em que, não muito tempo atrás, eu vagava às cegas.

Já passou o tempo de brincar de esconde-esconde. Desfruto ao máximo da condição de ser mulher. O assédio, as cantadas, a atenção. E isso torna as coisas mais fáceis para ambas as partes. Às vezes é tão difícil compreender os problemas dos outros. Nisso uma peruca que chama a atenção ajuda e muito, pois é impossível deixar minha vulnerabilidade – e, portanto, eu mesma – mais à mostra do que isso.

Cheia de orgulho, olho para minha cabeça sintética. Monto na bicicleta e vou encontrar o Rob e o Jan nas mesinhas da calçada de um café.

Eles estão radiantes. O Jan gosta de tudo que é tresloucado e chocante, e o Rob gosta de mim. Como Platina, sou um pouco de ambas as coisas.

– É capaz que eu tenha assustado o Gravatinha ontem.

– Mas você o viu depois disso?

– É, no De Winkel, nas mesinhas da calçada. Ele não me reconheceu, pois estava usando a Blondie.

– E o que você disse?

– Cabelereiro experimental. Ou ele me acha supersofisticada ou totalmente louca.

– Você é uma graça. Vem cá.

O Rob me dá um beijo estalado no rosto e me abraça tão forte que chega a ser incômodo.

– Querida?

– Quê?

– Não, nada...

Quarta, 15 de junho de 2005

Com uma sacola reciclada na mão estou na fila do caixa da loja de produtos naturais da Westerstraat. Não vou fazer a dieta do câncer; não acredito nela. A esse respeito todos gostam de se autoproclamar grandes entendedores. Mas acredito sim em vitaminas, cultivo orgânico, antioxidantes, geleia de maçã e beterrabas.

Na minha sacola levo aveia, quina, painço, semente de linhaça, gergelim, semente de abóbora e leite de cabra. Sou iniciante na área, dessas que ainda se surpreende por ter conseguido passar uma erva-doce inteira pela centrífuga. Pergunto-me o que aquela gente faz com o painço, o trigo sarraceno e a quinoa. Satisfeita com as minhas novas compras saudáveis, dou uma olhada na sacola da vizinha: algas marinhas e mais algas marinhas. Fico desnorteada com a variedade de comprimidos atrás do balcão: espirulina, clorela, aloe vera, ginseng e outros que soam como grego para mim. Desalentada, passo a seguir a conversa entre minha vizinha – que nitidamente fala grego – com a natureba de Birkenstock – sério! – que está atrás do balcão. Alguns comprimidos somem dentro da sua sacola reciclada. Com um suspiro, admito que o grego vai ter que ficar para depois.

No caminho de casa, entro para dar uma espiada numa das muitas escolas de ioga da vizinhança. Ioga também cai bem com "saudável e em forma". E hoje estou fazendo minha lição de casa. Ioga, que palavra bonita. Com braços e pernas fortes, tento cada vez me esticar mais e mais em cima do meu tapetinho. Porque ioga é isso: esticar, esticar e esticar o quanto os meus músculos aguentarem. Não só pernas e braços, mas também dedos dos pés e das mãos.

Depois da ioga, meditação. Droga, meditação, que caminho longo. Especialmente quando você esquece de perguntar qual é o sentido exato daquilo tudo. Agora estou meditando, pelo menos fazendo uma tentativa de ensaio para quiçá chegar a meditar. Creio que me encontro em algum lugar na fase de contemplação e concentração.

Já tendo começado a escrever, percebo a que clichê acabei chegando: o de ficar doente, querer levar uma vida saudável e querer ficar mais consciente. Ou seja, lojas de produtos naturais, filosofia, ioga e meditação. Tranquilidade, espiritualidade e um sorriso no rosto. Um namorado no banco de reserva. Então, pelo menos, tenho um porquê para acender aquelas velas. Uma irmã que gosta de mim e dá uma passadinha para tomar café comigo ao invés de virar cosmopolita em Hong Kong. Um gato que fica na janela me esperando chegar, pais que ainda são felizes juntos e que felizmente são meus pais. E um corpo sem grandes anomalias.

Sexta, 24 de junho de 2005

– E por isso preciso de uma ressonância da cabeça – diz o Doutor L., que ainda balbucia algo como – só para te deixar tranquila, pois não estou nem um pouco preocupado – diz ele, solicitando o exame necessário.

Meti na cabeça que alguma coisa está crescendo no meu cérebro. Uma coisa do tipo tumor cerebral. Uma dor de cabeça vem me incomodando há semanas. Sinto fisgadas, ouço helicópteros pousando dentro da cabeça e o nariz fica escorrendo sem parar. Na biblioteca da Centro Médico-Acadêmico da Universidade de Amsterdã, o AMC, li que esse nariz escorrendo pode ser indicação de que dentro da cabeça há algo que não deveria estar lá. E que, no caso da minha doença, um tumor cerebral pode produzir metástases no pulmão. Depois de alguns helicópteros, ataques de pânico e duas tardes na biblioteca médica, resolvi, com argumentos de fundamentação duvidosa, pôr as cartas na mesa com meu médico.

O Doutor L. pega o telefone:

– Quarta-feira, 29 de junho, às 7:50 – diz ele.

É daqui a alguns dias.

– Tomou nota?

– Tomei, na próxima quarta-feira às dez para as oito.

– Ótimo. Então vejo você depois disso no atendimento ambulatorial. Antes desse dia você recomeça uma nova série, certo?

– Isso. Essa vai ser a quimio qual número mesmo?

– Deixe-me ver. Eram sete, aquela foi a oitava, nove, dez, onze... Isso mesmo, será a décima segunda. Como vai rápido, não?

– Já está quase na metade – diz o Doutor L. tentando me animar.

"Semana 22" é o que se lê no topo de uma folha da minha agenda.

– Quando recebo o resultado?

– O mais rápido possível. Acredito que no dia seguinte. Daí vou poder dizer melhor como será o restante do tratamento. Na quarta-feira vou a um grupo de trabalho no AMC, nele discutiremos a possibilidade da radioterapia e da cirurgia. Entretanto mais uma vez, não acredito que a cirurgia seja uma opção.

O Doutor L. anda por aí batendo de porta em porta e cultivando contatos com outros cientistas, acadêmicos e radioterapeutas para saber o que fazer comigo daqui para frente. Se eles se decidirem pela faca, assim será. Embora todos os médicos a que mostrei meu prontuário tinham dito que não, continuo na expectativa de uma cirurgia. Há grande diferença nos meus tumores depois de seis meses de quimioterapia em comparação com um tempinho atrás.

– Ah! E não gostei dessa peruca, – a Platina – faz você ficar mais velha.

– E, a esta altura, sinto-me mesmo velha.

Quarta, 29 de junho de 2005

Estou uma pilha de nervos. Faz vinte minutos que estou deitada com uns fones de ouvido enormes e uma cerquinha por cima do rosto com um barulho que mais parece a furadeira do meu vizinho.

De repente a barulheira para. Dois rostos desconhecidos flutuam no meu campo de visão.

– Vamos ter que injetar mais um pouquinho de contraste para ver melhor.

Merda, quer dizer que estão vendo alguma coisa. Então há alguma coisa. Merda, chegou na cabeça.

– Algo errado? – pergunto.

As duas cabeças desconhecidas se entreolham e chamam o radiologista.

A cada segundo fico com mais medo.

– Tudo parece estar em ordem até agora mas ainda queremos...

Ele não consegue continuar porque desato a soluçar, meus ombros acompanham convulsos. Ouvindo os últimos ruídos da furadeira, percebo que confio cada vez mais no meu médico.

Aliviada, chego para o atendimento ambulatorial. A Judith corre apressada para lá e para cá. "Furacão", é como as suas colegas enfermeiras a chamam. Cumprimento os presentes, sento-me numa poltrona de avião rente à janela, mordisco um biscoito champanhe e aperto o PLAY. Que venha a quimioterapia.

Quinta, 30 de junho de 2005

O Rob e eu estamos sentados, esperando juntos um telefonema, à beira do rio Amstel, no pitoresco vilarejo de Ouderkerk aan de Amstel, nas redondezas de Amsterdã. Já faz vinte minutos que belisco, sem vontade, do meu prato. O Rob, como sempre, tem diante de si algo vermelho e sangrento; e eu, como de costume, algo verde e saudável.

O telefone. Com o susto, espeto o garfo no prato do Rob e acabo acertando certo numa beirada de gordura. Argh!

– A cirurgia não é possível, nisto todos estão de acordo. Vamos passar de imediato para a radioterapia.

Não entendo.

– Mas o que impede vocês de cortar fora o que está em excesso?

– Não, não é possível. É uma operação que já não realizamos desde a década de setenta. Uma região muito difícil de operar. Vamos causar mais dano do que melhora.

– Ahn. E agora, então?

– Marquei uma hora para você na semana que vem com o Doutor O. no AMC. Ele é radioterapeuta e vai te explicar tudo.

— Você já olhou o e-mail?

— Recebi o seu e-mail e já respondi. A ressonância está ótima, exatamente como eles disseram.

— Ufa.

— Alguma outra queixa?

— Não.

— Você está se sentindo bem?

— Estou, só um pouco mais mole do que o normal.

— Deve ser porque os seus índices sanguíneos estão baixos. Quando você fará o próximo exame de sangue? Pode ser que mais uma transfusão seja necessária.

— Próxima segunda.

— Tá bom. Dê uma passadinha no meu consultório aqui no ambulatório. Até lá. Bom fim de semana.

— Obrigada, para você também e até segunda.

— Tchau, Sophie.

— Tchau, doutor.

Não sei se tenho motivos para ficar aliviada ou ao contrário ficar mais preocupada. Não é que eu faça questão de ficar com uma cicatriz de vinte centímetros, mas também não acho nada bom perder uma dentre as três alternativas que tinha.

E, então, acontece. Coisa de amigos, uma beliscadinha aqui, um abraço e uma beijinho acolá. E um olhar demorado, seguido de um beijo igualmente demorado. O Rob leva todo o medo embora de mim. Paixão.

Sexta, 1º de julho de 2005

Abro os olhos. Alguém está deitado ao meu lado. Eu pisco e ele já não está mais lá. Então abro e fecho, abro e fecho.

Abro.

Ombros, costas e braços bronzeados. Cabelos castanho-claros e um rosto incrível. Como saído de uma propagando de Marlboro. Ele está com os braços meio estendidos um sobre o outro em cima do travesseiro. De olhos fechados. Viro de lado com cuidado para ver se acho a Blondie, sentando-me na cama por fim. Ainda está escuro lá fora. Devagarinho faço a minha cabeça deslizar para dentro da peruca e vou-me encorujar de volta debaixo dos cobertores bem pertinho do corpo quentinho do Rob. A pele em torno dos meus olhos é rosada e lisinha, assim como na minha careca. Nádegas nuas. Dou um beijinho no nariz do Rob.

Ele abre os olhos devagar. Sorri.

– Oi, lindinha. Dormiu bem?

Faço que sim com a cabeça.

– Que horas são?

Dou de ombros.

Ficamos nos olhando.

E nos olhamos.

Incrível como um rosto se transforma quando se vê de perto. De novo, um sorriso. Seguimos nos olhando. Ele leva a mão ao meu braço. Eu me achego mais juntinho ainda. E então um beijo. Sob os lençóis, minhas pernas procuram pelas dele e as dele pelas minhas. A peruca fica escorregando desajeitada na minha cabeça, mas sem ela não sou capaz. Estou apaixonada e quero me sentir uma mulher completa. Sexy, desejada, amada e irresistível. E não dá para ser isso tudo careca.

– Amor, tira isso de uma vez.

– Não.

– Você fica absurdamente bonita mesmo sem ela.

– Não consigo.

O Rob me conhece ainda do tempo dos cabelos arrumados em coque, das ambições políticas e dos bicos como garçonete servindo taças de vinho nas mesinhas da calçada de um bar. Mas também do tempo em que estava completamente destruída e desorientada. Um dia, ele foi parar por acaso no bar em que àquela altura eu trabalhava no balcão e logo ele já se incluía no grupo das pessoas que mais gosto de ter por perto.

Procurei-o em busca de consolo, na noite anterior, ao ouvir do meu médico o que ainda me esperava pela frente. Se – e como – eles me iam tratar. Só porque ele também, num passado remoto, teve o seu quinhão de radioterapias, cirurgias e outras surpresinhas desagradáveis. Ele me fez rir tanto quando contou que ficou tão grogue que chegou a desmaiar por causa do contraste que lhe aplicaram entre os dedos do pé.

– Oi, Rob? Aqui é a Sophie.

– Oi, amor, como você está?

– Estou com medo – digo meio soluçando.

– Ah, amor. Puxa vida. É claro que você está com medo. Eu também estou.

– Como foi com você?

– Comigo?

– Quando você ficou doente. Você teve medo?

– Tive, claro. Mas o meu prognóstico era muito bom.

– Ah.

– Amor, tudo bem?

– Não. É capaz que eu vá morrer mesmo. E nem falta tanto.

– Droga, não vai morrer nada.

– Amanhã temos uma conversa marcada para saber o que fazer a partir de agora e tal. Se é que há o que fazer.

– Eles vão te fazer melhorar. Tenho certeza.

– Como é que você tem tanta certeza assim?

– Simplesmente porque tem que ser assim.

– Ah, claro. É assim que as coisas funcionam. O próprio médico disse: *"se* é que vamos poder ajudar, extirpá-los já será um desafio, mas o verdadeiro desafio será impedi-los de voltar".

– Deus meu. Que merda. Como é que eu vou saber?
– Onde você está?
– Perto nos estúdios do Cineac, filmando uns panacas que se acham os maiorais.
– Ah.
– Quer que eu vá te encontrar?
– Não, a Annabel já está chegando.
– Bom, então. Amor, você pode me telefonar a hora que quiser, você sabe, né?
– Sei.
– Mesmo que seja ainda hoje à noite, viu?
– Já é hoje à noite.
– Olha, amor, puxa vida. Eu te amo, você sabe disso.
– E eu amo você. Vou desligar agora, a Annabel está na porta.
– Te vejo amanhã, tá bom? Boa sorte. Estou pensando em você.
– Obrigada. Tchau, amor.
– Durma bem.

Deve ter sido a combinação do seu belo rosto bronzeado, abraços confiantes e o Jaguar XJS que me atiçaram o interesse. E, naturalmente, minha preferência por homens mais velhos. Não dou a mínima para os possíveis inconvenientes. Agora a única coisa que me importa são as pessoas de quem eu gosto verdadeiramente. É o caso do Rob.

– Amor?
– Sim.
– Estou meio perturbada.

Estávamos sentados ao sol, no Noordermarkt.

– Perturbada?
– É, você me deixou louca por você. Já faz alguns dias que estou assim.

E então o Rob me deu um beijo.

– Gata.

O Rob me chama sempre de "amor", "gata" ou "querida". E me apertou a perna. O Rob me aperta toda hora no braço, na perna e na bunda.

– Vamos embora.

Ele levantou, pagou a conta e me deu a mão.

– "Sopranos"?

– Isso mesmo.

– Você fica para dormir?

– Fico.

– Definitivamente sou mesmo velho demais para você.

– É. Você teria a idade para ser meu pai!

– Onde já se viu uma coisa destas?! É só para dormir e mais nada – disse ele.

– Não estou nem me lixando. Eu te amo e pronto.

Isso foi ontem. Beijos, amassos e sexo. Sexo ardente. Mas não sem antes dar uma passada na minha milagreira das perucas para comprar mais adesivos e deixar as minhas perucas minimamente à prova de sexo. Sem peruca, não transo nem morta. Meu cabelo está sempre à mão na beirada da cama. Ainda acho difícil me soltar totalmente com o Rob, por medo que ele se assuste com toda a tralha que levo comigo para a cama. Eu vivo como num mundo à parte. Talvez por isso seja tão agarrada com as minhas perucas, a imagem da minha cabeça careca me persegue.

– Amor, você vem?

Nisso, o Rob se levantou e a banheira já nos esperava, cheia. Ficamos deitados na banheira por muito tempo, até os dedos ficarem enrugados e a água fria. Depois, de volta para a cama, e às alturas.

Sábado, 2 de julho de 2005

O Jochem serve a última gota da Duvel, parece que cerveja é suco e já pede outra em seguida. Acabou o estoque e eu não quero ficar sem. No café PC, olho bem para a minha sopa vermelha e me pergunto onde ficaram os tomates. Dentro do prato há uns fios de cabelo preto, da Uma. Não consigo entender por é que nesta rua eles têm que servir sempre peru de borracha, além desta sopa nojenta. Quer dizer que os *nouveaux riches* têm o sentido do paladar alterado? Olho em volta e tenho que concluir que, de fato, sim. Fascinante.

Com um ouvido, ouço as histórias do Jochem, mas ao mesmo tempo admiro meu novo achado. Atrás do Jochem move-se um homem de terno. Elegante e de terno. Minha atenção está cada vez menos voltada para o que ouço do Jochem e cada vez mais no homem de terno que se move acima dos seus ombros. Elegante e de terno. Será que é advogado? Jurista? Médico? Ou simplesmente homem de negócios? Casado? Em viagem de negócios? Filhos? Uma amante? A Uma, quem sabe?

Cruzo as pernas e fico balançando o pé direito para lá e para cá. Abaixo do jeans, ostento os meus sapatos que deixam à mostra o dorso dos pés e fico enrolando meus cabelos entre os dedos. Dou mais uma bicada na minha água com gás, deixando no copo a marca cintilante dos meus lábios. Decididamente, há algo nos meus lábios que trago desde o berço. Lábios espessos e carnudos. E no papel de ninfomaníaca romântica, eles me vêm bem a calhar.

Tinha catorze anos quando meus lábios conheceram o amor pela primeira vez. Oito anos atrás. Com o Emiliano, o lixeiro do bairro. Por ele desisti de Ridge Forrester, Arnie Alberts e do MacGyver. Até do Steven Tyler e do Mick Jagger. Frágil e romântica como eu era, não conseguia nem imaginar que algum dia teria que me separar daquela Vespa dele.

Naquela época ainda não me dava conta de que podiam ser justo as voltinhas de Vespa que alimentavam o meu entusiasmo. As noites que passei com ele na sua impressionante lambreta branca despertaram o meu desejo juvenil. Ao ar livre, entre gemidos e sussurros, abriu-se para mim um céu inteiro de estrelas. Será que daria um bom argumento para um folhetim?

– Em nome de quem devo pôr? – pergunta a garçonete.

Faço cara de surpresa, sem abandonar os meus pensamentos sob as estrelas.

– Uma.

O Jochem ri e retoma a sua história. Ele não para um segundo de matraquear. Desta vez, fala sobre a sua carreira de ator, a bunda da garçonete e a sua própria barriguinha. Uma barriguinha muito simpática, mas não tão elegante assim, tenho que dizer. Porque o Jochem também gosta de usar camisetas de marca. Ele diz que aquela barriguinha só aparece quando ele toma cerveja. Infelizmente, isso acontece diariamente, exceto por um ou outro intervalo esporádico para bebidas mais saudáveis. Por esse motivo, costumo chamá-lo de Batatinha.

O Jochem é modelo também. Segurando a barriga para dentro, ele passa em *castings* com certa frequência. Com isso, ele acaba no banheiro em companhia de garotas que lavam os cabelos com Andrélon ou na cozinha ao lado de garotas preparando o arroz Lassie. Com seu belo rosto, boa lábia e olhos azul-celestes, ele se safa com frequência de multas de estacionamento proibido e outros aborrecimentos. Como eu, ele é um sonhador, só que muitas vezes ele não sabe traçar bem o limite entre os seus sonhos e suas multas de trânsito. Para ele Amsterdã é exatamente como Hollywood, onde os sonhos mais vãos se tornam realidade. Iludido por um ou outro trabalho de modelo ou ondas de sorte no cassino, nunca lhe apeteceu carregar caixas, servir mesas ou esperar ansiosamente pelo final do expediente dentro de um escritório.

Voltamos devagar olhando as vitrines. As vendedoras de cara amarrada saltam à vista. Quem sabe se elas tentassem mudar um pouco a cor do cabelo. Ou já passar para uma peruca de vez. Na Azzuro tenho vontade de dar, na cara dura, um cartão de visitas da OLVG na mão de uma vendedora. "Doutor L. – ambulatório de Oncologia".

Terça, 5 de julho de 2005

O contato com médicos tem lá seus inconvenientes. Até um ano atrás eu fazia uma imagem completamente diferente do que fosse um hospital. Via gente doente que entrava por um lado e depois saía curada e contente pelo outro. Já hoje sei de mostras de sangue que somem, anestesistas que erram a veia três vezes, prontuários extraviados e decisões tomadas a esmo. Cada um com mais convicção do que o outro. Isso tudo torna a comunicação entre médico e paciente ainda mais árdua. Lições de "mediquês", portanto, seriam bem-vindas.

– Oi, doutor, já conferiu o meu último prognóstico de "remissão total"? No momento, o pulmão direito preserva seus contornos originais, mas a massa de tecido mole pleural localizada na porção dextro-anterior da cavidade torácica apresenta dimensões reduzidas. De fato, as estruturas pleurais nodulares apresentavam anomalias, mas a porção posterior da costela 6 preserva contornos nítidos. A massa de tecido mole número 2 na parede abdominal também apresentou redução. Anomalias resquiciais oblongas na região anterobasal do pulmão.

Algum dia ainda hei de pedir acesso ao meu prontuário para tomar parte das ponderações entre os diletos doutores, enquanto tomo meus comprimidos com chá. Até o corretor ortográfico do meu computador joga a toalha e dá pau. O hospital deve dispor de um programa específico para isso. Devem ter um programa especial para isso no hospital.

Meu pai e eu sentamos numa sala de espera medonha num prédio medonho do AMC. Ainda bem que no OLVG estou sob a proteção do Doutor L. Enquanto meu pai vai estudar de perto a máquina de café, sigo com os olhos cada movimento da enfermeira que está sentada atrás do balcão. Será que ela é enfermeira mesmo? A Annemarie e a Ploni, tudo bem, mas essa aí só cuida do telefone, penso. Nem está de terninho branco.

Abre-se uma das portas pintadas todas com uma cor horrível. Um médico de óculos surge de dentro da sala com um cabelo que cai meio em desalinho pelos lados, cobrindo-lhe as orelhas. Ele grita um nome para dentro da sala de espera e o ancião à minha frente se habilita. A sua mulher vai se arrastando atrás dele.

Uma outra porta se abre e um médico mais jovem sai de dentro. Dou-lhe uns trinta e cinco. Seria ele o Doutor O.? Ele vai até à recepcionista e aponta para o prontuário que tem aberto nas mãos. Em seguida, volta para o seu cubículo, sem chamar o meu nome.

– Van der Stap?

Viro-me e constato que uma outra porta se tinha aberto. Levanto-me e estendo a mão à terceira aparição. "DOUTOR O." é o que se lê no bolso do jaleco.

Ele expõe toda uma história muito confusa de forma um pouco hesitante. Para emprestar força à sua incerteza, ele resolve fazer um desenho dos meus pulmões, assinalando com setas grandes os lugares que precisam ser irradiados. Depois me manda subir na balança e examina minhas glândulas. A balança indica 55 kg. É um pouquinho menos do que no mês passado.

– Alguns pontos ainda não estão claros para mim. Que vai dar trabalho, não há dúvidas. Vou entrar em contato com meus colegas em Roterdã e Utreque antes de me pronunciar. Gostaria de saber o que eles têm a dizer sobre isto. O Doutor N. de Roterdã é um médico muito competente.

Saio da sala me sentindo tudo, menos tranquila. Por que é que eles nunca podem dizer as coisas de forma um pouco mais encorajadora?

Giro sentada na cadeira que a esta altura já é minha conhecida. Uma das moças da loja apara os cabelos da Uma com cuidado. É só para cortar as pontas, nada mais.

O meu grande amigo Martijn, que sempre fotografa todos os meus penteados novos, estava chegando à minha casa para uma cervejinha justo quando eu também chegava do AMC.

– Vamos à loja de perucas?

– Mas claro.

Ele não para um minuto indo e vindo todo agitado de uma a outra cabeça exposta nas vitrines. Depois volta trazendo os penteados mais horripilantes. Por fim, acaba trazendo uma loira bonita. Lá vem a Uma de volta da manutenção. E eis ali a recém-chegada Pam. Pam, a loira ordinária de Hollywood. Mas também a Pam "Seu cabelo vai entrar no ritmo" do comercial de Andrélon. E acima de tudo a Pam "Mas que mulherão!" e – não menos importante – a Pam recém-saída do secador.

Já dizia a minha tia: o cabelo é capaz de fazer uma mulher... ou de derrubá-la. Sei bem disso. A Pam faz, a Stella derruba.

O Martijn anda por aí com um conversível japonês. Seja como for, é muito boa a sensação dos cabelos ao vento. A cada curva, obstáculo ou buraco que ele passa, a Pam acompanha o movimento com naturalidade esvoaçante. Mal posso esperar para ver a cara do Rob hoje à noite. Vai ser a sétima vez que vou surpreendê-lo com uma peruca nova.

Quarta, 6 de julho de 2005

Leio uma carta que um pai endereçou aos três filhos no seu leito de morte.

Compreendo imediatamente tal impulso de registrar no papel as palavras que são as suas e de mais ninguém. Deixar um pedacinho de si na ânsia de continuar fazendo parte. Não só nos pensamentos das outras pessoas, mas materialmente. Medo de deixar de existir. Medo de nunca mais ser abraçada.

Parece que o meu medo aumenta exponencialmente conforme vão transcorrendo as 54 semanas. Posso entreter-me por horas a fio pensando na minha oração fúnebre, lida pelo meu pai com a voz embargada. Petrificada por causa de uma única infeliz duma célula cancerígena encostada em alguma parte do meu corpo. Com mais medo até do que quando as coisas eram muito mais incertas, quando se falava apenas de um doença letal e não das perspectivas de cura. A esta altura, tudo já estaria terminado.

Às vezes tento expulsar esse medo lembrando de quantas não foram as almas que me precederam. Pensando assim não há como imaginar que o outro mundo seja um lugar solitário. É a solidão o que mais me aterroriza, é o que se me afigura mais monstruoso de todo esse processo. Por que é que não podemos morrer todos juntos?

Vou surfando até o *website* do meu amigo Lance e compro cem das pulseirinhas amarelas de apoio aos pacientes de câncer. Indiretamente, ainda lhe devo muito. Cem dólares amarelos, que darão aos carequinhas uma vida melhor. É um pouco demais, mas a opção "dez" parece tão ridícula comparada à opção "cem" e mil e duzentos dólares também não tenho. Clico no botão CONFIRM, é fácil contribuir para pessoas que tiveram a mesma "sorte" que eu.

Numa mesa do A Tavola, eu e o Rob estamos tomando vinho com o Salvatore, o gerente da casa. O dia de hoje ficará marcado no meu diário como o dia em que eu e meu amor passamos a usar a famosa pulseirinha {LiveStrong}. É como se fosse casar, só que diferente. Para mim, como paciente de câncer, "LiveStrong" são palavras que poderiam reger minha vida até o dia da minha morte. Para as pessoas da minha estima, um lema sob o qual seguir vivendo.

Olho bem dentro dos olhos do Salvatore. Ele também usa a pulseirinha para seguir vivendo. A pulseirinha cujo valor se tornou bastante concreto quando seu filho Marco morreu de leucemia em novembro. Dezessete anos. Agora tomando vinho juntos, a sua dor é a minha dor e vice-versa.

Vou me aconchegar bem pertinho do Rob que já tinha ido dormir há uma hora. Estou com medo mas não digo nem uma palavra. Dizer o quê? E não seria um "Não se preocupe. Tudo vai acabar bem" que faria alguma diferença agora. Será que eu também vou acabar morrendo com essa doença de merda?

Quinta, 21 de julho de 2005

Mas antes da radioterapia: férias!! Oba! Quatorze dias de sol, boa comida, vinho francês, biquíni, pernas bronzeadas, sandálias nos pés e tudo isso sem um jaleco branco à vista! Quatorze dias de férias com a Annabel!

Uma vez, quando tinha cinco anos, vi um gatinho fofinho numa gaiola da loja de animais Bijenkorf. Fiz um alvoroço tão grande que a loja toda veio ver o que era. Na plaquinha pendurada no pescoço, lia-se: "Minu". A Minu é a gatinha com quem divido a cama há mais de dezesseis anos. Nem dos meus namorados posso dizer o mesmo. Ela já tem boa experiência com viagens, mas a maior de todas foi a viagem para os Himalaias tibetanos. De cara, ela já estava perfeitamente ambientada entre patos de Pequim e iaques, os chineses e os tibetanos. A princípio, ela não soube bem o que achar de todos aqueles altiplanos, lagos turquesa profundo, céu azul límpido e cumes brancos. Fazia bastante frio para uma gata que nunca tinha posto as patas fora do Ocidente. Mas deste então, a Minu já não tem mais problemas em trocar a sua cestinha por uma tenda no Irã, um acampamento ao ar livre no Nepal, um barco-casa na Caxemira ou uma pele de carneiro entre os nômades. Agora ela já é capaz de trocar com facilidade a banalidade ocidental pela aventura oriental.

Mas antes de poder novamente respirar a maravilhosa vastidão do mundo, a Minu ainda vai ter que aturar as camas brancas do OLVG por mais uns dias. Por mais cinco noites, ela vai ronronar baixinho nos ouvidos das enfermeiras e depois poderá pisar de novo no seu mundo de liberdade.

Sábado, 23 de julho de 2005

Já me dispensaram. Agora é preto no branco: posso deixar o hospital. O documento tão desejado está bem ali em cima da mesa. Fico apreciando-o da cama. Já dormi a minha última noite por aqui e a manhã já raiou.

Quantas não foram as noites em que tive que dormir aqui? Trinta e cinco.

A última bolsa com o líquido da infusão, balança estupidamente pendurada no meu amigo altão.

Os primeiros seis meses, 27 semanas para ser mais precisa, chegaram ao fim. Com um misto de sentimentos, olho para o meu amigo... e ele não apita.

Adeus C6, chega de feder a hospital. A partir de agora, só quimioterapia para manutenção e em regime ambulatorial. "Adeus"? Não me atrevo a dizer em voz alta.

Talvez nunca me livre totalmente da minha doença e acabe por morrer aqui, lentamente.

Adeus C6 e que venha Roterdã. Por lá também deve andar um Bas na forma de um auxiliar de radioterapia. Talvez não careca e de corrente no pescoço, mas de cabelos compridos e com um medalhão no peito. Será que o Bas também vai sentir minha falta? Mais ou menos do jeito de todos os outros que me antecederam?

Segunda, 25 de julho de 2005

À minha frente, mexilhões, quatro patas de caranguejo e salada de maionese. Ao meu lado, os meus pais. À minha volta, a vista que se abre a partir do restaurante do Hotel New York: mar aberto, barquinhos e o antigo porto ao longe. Espera-me um longo dia enfurnada dentro do hospital de Roterdã. Mas, primeiro, comer. Porque no prazo de três semanas nada mais será o mesmo.

Os radioterapeutas, com os seus esquadros, compassos e outros instrumentos de medida, já estão todos em prontidão à minha espera. Dentre os médicos pelos quais passei, considero o Doutor N. um presente dos céus. Desde o primeiro minuto, ele mostra total envolvimento, desconhece a pressa e a arrogância, mostra-se muito dócil, distraído e inteligente como o Professor Girassol das histórias do Tintim, e não é tão avesso a uma ou outra palavra de encorajamento. E ainda por cima é o Doutor N. Na hora já o incluo na minha lista de contatos de e-mail.

Assustada e obediente sento-me na cadeira em frente a ele. Depois da minha conversa com o Doutor O. no AMC tenho estado bem desanimada.

– Vi as suas chapas e admito que este vai ser um trabalho árduo.

– ...

– Os tumores estão localizados numa região difícil de atingir com a radioterapia, na qual não podemos aplicar a quantidade desejável de radiação. Além disso, é difícil alcançá-los.

– ...

– Não quero te desanimar, já curei "diversas crianças".

– Câncer infantil, né? – mas ainda não ousaria fazer afirmações a respeito deste caso.

– ...

Começo a sentir um formigamento nas palmas das mãos, suor. O Doutor N. prossegue:

– Na semana que vem, vamos fazer uma tomografia e de posse dos cálculos vou concluir mais precisamente. Depois, fazemos uma do tórax para podermos moldar a máscara protetora. É um protetor que você vai usar durante as aplicações de radiação.

– Quanto tempo vai durar a radioterapia?

– Só vou poder determinar depois dos cálculos.

Ele faz uma cara de quem acabou de fazer um cálculo que envolvia todas as estrelas da constelação.

Isso me tranquiliza um pouco, mas também me deixa inquieta.

– Por que será que é tão difícil assim?

– Precisamos poupar os seus pulmões o máximo possível. Por isso vamos ter que aplicar a radiação de várias direções. Não sei se vamos conseguir atingir tudo por igual.

– Vamos sim. Como não?

Surge um sorrisinho simpático no rosto do Doutor N. A sua voz fica muito suave e tranquila. A postura, muito discreta e humana. Quer dizer então que existe mesmo essa espécie? Médicos com tato?

– É essa a atitude que quero ver. Começamos dia oito de agosto.

Meu pulmão direito ficará arruinado, o fígado exibirá danos expressivos e o esôfago também será duramente afetado. Ora, a radioterapia não é nada mais do que a cauterização medieval, como explica meu amigo médico. A cada sessão de radioterapia minhas células recebem um golpe do qual elas tentam se recuperar depois. O objetivo é que as células cancerígenas desistam depois de x vezes e que as células saudáveis resistam como puderem. Meu corpo sempre dá um jeito na situação, é o que parece. O outro pulmão assume as funções do primeiro e o fígado agrega tecido novo, que junto com a parte saudável de fígado, põe mãos à obra.

Espero meus pais saírem e agradeço ao Doutor N., meu radioterapeuta, pela palavra de encorajamento. Rendo-me totalmente aos seus cálculos. 8 de agosto a festa começa. O cansaço, a pneumonite, a descamação da pele, a febre e a tosse, a dor ao engolir, os analgésicos. Não gosto de analgésicos. Não gosto dos efeitos colaterais e das pílulas. Quando saio da sala dele, sinto-me longe de ser a garota de vinte anos que tinha outrora grandes planos para o futuro.

Uma hora depois, estou deitada de costas. Dois homens estão trabalhando duro com um balde, um saco de cimento, espátulas e pincéis em torno do meu tórax, confeccionando uma máscara.

– O gesso vai parecer gelado – avisam.

Tenho que ficar deitada sem me mexer porque seca rápido. Já sou exímia nisso de ficar deitada sem me mexer. Na sessão de radiologia do OLVG não faço outra coisa.

Minha mãe está em pé ao meu lado.

– Parece que está ficando bom – diz.

O tórax engessado e minha cabeça careca que aparece por cima. Cada vez tudo fica parecendo mais "Star Wars".

– Posso tirar uma foto? – pergunta ela.

– Pode. Eu também estou curiosa para ver a cena.

Ela segura o telefone e clica.

Terça, 26 de julho de 2005

Estou em Nice, desfilando ao longo da praia. Tomo chá de verbena e "grand crème" ao mesmo tempo, alternando entre eles. Enquanto isso, examino o menu ensebado de bebidas à procura de outras delícias. Pois nada é demais para Nice. Ostras, mexilhões e mariscos para todos os gostos; pedimos todos.

Abro a bolsa, apanho os óculos escuros e deixo que o ambiente me invada. Mas que grande balbúrdia. Armada de um guarda-sol gigante e munida de um inesgotável protetor de fator-não-sei-quantos vou abrindo caminho pelo meio dos corpos bronzeados da Praia de Pampelonne. Aqui ninguém está preocupado se a pele vai ficar envelhecida ou encarquilhada pelo sol, muito pelo contrário, chega-se a pagar por um pouquinho que seja de sol de qualidade.

A Pam balança ao vento. Não imaginava que já neste verão ainda poderia desfrutar daquela sensação liberadora própria dos passeios em carro conversível. Ao meu lado, naturalmente, um homem bem-sucedido financeiramente, mas nem tanto no amor. Digamos, na categoria homem solteiro e solitário na andropausa, a que parece pertencer a grande maioria dos russos no Sul da França.

A água é de um azul intenso, assim como o céu. Havia alguns dias não via o horizonte.

O sol brilha muito forte. Preciso tomar cuidado. Trato de voltar para a sombra antes que a enfermeira Hanneke me veja. Porque ela também está por aí.

Escondida debaixo de um chapéu enorme, óculos Onassis e uma peruca, aplico mais uma vez meu creme diurno de fator 30.

– Também não precisa exagerar, né? É só um solzinho de fim de tarde.

A Annabel está deitada do meu lado, fritando sob o sol. Para acompanhá-la neste verão, meu bronzeamento vai ter que sair de dentro de um frasco. Por todo o lado vejo esses frasquinhos prometendo um bronzeamento uniforme. Já experimentei de tudo sem sucesso: spray, loção e até uma espuma bronzeadora que tem que ser aplicada com luvas de borracha – sempre em grande demanda na seção de Oncologia.

De dentro da água, fico observando o espetáculo dos muitos barcos. As velas continuam sendo brancas, o mar continua sendo azul. Olho para a luz que reflete na superfície da água: nenhum traço do OLVG. Olho por mais tempo, mais ao longe: tampouco ali encontro imagens do meu pesadelo. Então fecho os olhos, mas ali também não encontro nada. Tudo ficou lá longe e está esquecido. Quando reabro os olhos, lá estão os barcos de novo.

– Olha, o que é aquilo? – diz a Annabel apontando para alguma coisa que boia um pouco mais adiante e vai se afastando de nós.

Recosto-me na espreguiçadeira e deixo-me enlevar pelo barulho da água.

– Ué, você não estava de peruca?

– Droga, é a Blondie!

O céu azul vai se tornando rosa pouco a pouco, os primeiros barcos começam a voltar a terra e surgem as primeiras luzinhas. E junto com elas, os nossos sapatos de salto.

Acabamos parando numa festa que está rolando no quintal de um magnata podre de rico da indústria cinematográfica, com direito à sua própria mansão nas colinas de St. Tropez e tudo mais. Por infelicidade, ele tinha que estar no mencionado quintal naquele exato momento.

– Champanhe?

– Não, um suquinho de tomate. Isso, ótimo, com limão.

Entre russos de pernas compridas e árabes baixinhos, fico à vontade. Legal, viu, uma festinha destas no jardim... Só me sinto um pouco deslocada quando o suor da quimioterapia começa a escorrer pelas minhas costas e a minha peruca, tão engraçadinha no princípio, começa a dançar num ritmo próprio. Por sorte, ninguém percebeu que o lado direito do meu decote está bem mais bronzeado que o esquerdo. Não posso esquecer de dizer ao Doutor N. que dê maior atenção ao meu peito esquerdo nos seus cálculos.

Um desfile dos carros mais caros e dos maiores iates da região da Riviera. Vemos a Paris Hilton e uma quantidade interminável de corpos bronzeados. As pernas mais longas e as sandálias mais elaboradas. Por todo o lado, vestidos saídos da Vogue. Incontáveis mulheres bonitas e alguns homens bonitos. Um velho *cowboy* de Los Angeles. Ivana Trump, Catherine Deneuve e Natalia Vodianova. Vemos nossa imagem refletida nuns óculos escuros enormes e nos entreolhamos rindo.

Às duas da madrugada bate o cansaço. Eu, por causa dos meus índices sanguíneos baixos e a Annabel por causa dos saltos exagerados.

Despencamos exaustas na escada que leva à sacada e ficamos observando toda aquela beleza que desfilava pela nossa frente.

Quarta, 10 de agosto de 2005

O Rob está atrás de mim e me dá um beijo no pescoço. Estamos na loja de produtos naturais – reconhecível pelas embalagens berrantemente enormes de complementos alimentares e pelos produtos chineses. Leio um prospecto sobre mulheres na menopausa. Chega a dar medo como os sintomas são semelhantes aos suores que tenho tido nas últimas semanas. "Normalmente, a menopausa ocorre entre os 45 e os 55 anos de idade. Esse período é caracterizado por alterações na produção hormonal da mulher. Em mais de 50% das mulheres nos Países Baixos, tais flutuações hormonais produzem efeitos indesejáveis tanto de ordem física como psicológica. São as chamadas queixas da menopausa. Tais queixas podem variar desde a sensação de calor, dor de cabeça e insônia até coceira, nervosismo e mau humor."

Ai... Está falando de mulheres que menstruaram até ficar sem sangue, como eu. 22 anos recém completos e já sem sangue. Imagina entre os 45 e os 55 anos? Meu livro mágico de ervas prescreve o anis para reativar a menstruação. Imediatamente, pedimos um pacote extra-grande disso.

Sexta-feira, 12 de agosto de 2005

– Ai, estou tendo de novo – ouve-se no banco de trás.

– Vai um comprimidozinho? – pergunta a Rita – os meus são muito mais gostosos, ha ha! – brinca ela, de trás do volante.

Do banco de couro traseiro do Mercedes da Rita, tento me lembrar se o Doutor N., o Doutor L. ou mesmo o Doutor K. incluíram esses novos surtos de transpiração na minha lista de efeitos colaterais. Não chego a nenhuma conclusão, só me ocorre que posso acabar infértil por causa do tratamento. A Rita toma comprimidos contra o suor e eu tomo os comprimidos que me fazem suar. Suar no banco de trás ainda vai, mas suar em bicas na mesa de exames do Doutor K. ("expire, inspire"), isso já é demais. Afinal continuo sendo uma menina sexy que, se tomo pílulas, é também para evitar ficar grávida dos médicos.

O Rob está no carro ao meu lado. Ele também sua, mas no caso dele deve ser uma combinação do sol e das vodcas de ontem.

– É só seguir o tracejado amarelo, minha senhora.

Rita, a melhor motorista de Amsterdã e região, fecha a janela e põe-se a seguir direitinho o tracejado amarelo que nos levará à radioterapia. À sala de consulta. À sala de aplicação. Se há esperanças, elas devem vir da radioterapia. À batalha, então. Nas próximas sete semanas, terei que ir e voltar de Roterdã diariamente. Em média três horas de viagem para os dez minutos que duram a irradiação. Em outras palavras, bater muito papo com a Rita e dormir no banco de trás do carro. Meus pais vêm junto com regularidade. Se dependesse deles, viriam todos os dias. Às vezes um amigo vem junto, mas também acho agradável quando estou sozinha com a Rita.

De jaleco branco, o Kevin está de pé ao meu lado. O Kevin é sempre simpático e nunca foge de uma boa prosa. "Vou distraí-la e acalmá-la um pouquinho", é o que ele deve pensar.

Por mais bem intencionado que seja, porém, não adianta muito. Pois "Star Wars" está em cartaz e cabe a mim o papel principal. Feixes verdes de raios laser, que piscam alternadamente com umas luzinhas vermelhas, movimentam-se em volta da minha cabeça careca em um tentáculo gordo que lembra a fêmea grávida de um peixe-boi. É tudo incrivelmente *sci-fi*. Encontro-me acorrentada a uma mesa estreita, uma tábua de madeira e ferro com 45 centímetros de largura. Estou despida da cintura para cima – Darth Vader já passou por aqui – e meu tórax está envolto numa máscara plástica e transparente na qual ainda se veem vestígios de serra e cola.

Assim tão achatados em cima da mesa, quase que os meus seios naturais pulam para cima da minha teta cosmética de alumínio. Mas, esperar o quê? Trata-se de "Star Wars" afinal. E estou bem no centro de toda a ação. A glória. A vencedora. Anakin – ele vence no final, não?

Meus aliados fixam a máscara na mesa e em seguida dirigem-se ao aparelho que ruge incessantemente. Depois, retiram-se do recinto, confiando a mim a batalha que está por começar. Sou a protagonista, afinal de contas, e serei eu a desferir o golpe final contra o inimigo. É o que está no *script*, pelo menos na minha versão, o filme é meu de todas as formas.

Um rugido colossal: o peixe-boi já está pronto e vem em minha direção. Um longo mugido eletrônico e raios translúcidos. Dentro de mim, o inimigo é calcinado, mas esmoreço e começo a sentir dor nos braços. Mantenho sob vista atenta cada um dos movimentos do mamífero de aço que se contorce enfurecido por cima e por baixo de mim. Em certos momentos, mantenho-me concentrada e em outros, absorta em pensamentos de olhos fechados.

Tendo já saído da sala de aplicação para a sala de espera adjacente, presencio um contínuo ir e vir de heróis do "Star Wars". Cada um tem o seu próprio *script* e sua versão pessoal. Um menininho, de uns oito ou nove anos. Ele tem algo de durão, mas ao mesmo tempo a sua visão enternece. E tem algo de "Star Wars" também, é claro, mas pode ser só por causa da carequinha. A um personagem desconhecido de jaleco branco, ele diz que não quer mais voltar.

– Dói quando eu estou na máquina grandona – diz ele, com sua vozinha aguda de criança.

Olho para ele e me vêm lágrimas nos olhos.

Será que não lhe poderia dizer que isso que se passa neste calabouço é só um filme. Que fomos parar no set do "Star Wars". Que por debaixo do jaleco branco está escondido o Obi-Wan Kenobi. Que os "mocinhos" sempre saem ganhando. Enfim, que ele também vai ganhar e que logo vai estar brincando de novo com os seus amiguinhos. Mas esse é o *meu* filme. E nele a atriz sou *eu*. Sinto uma enorme necessidade de fazer contato com ele mas não sei como. Chamam o seu nome. E cada um de nós desaparece atrás de uma porta diferente.

Segunda, 29 de agosto de 2005

Ando pela areia da praia. Ela está úmida e entra entre os dedos do pé. É um jogo entre mar e areia: a água fria limpa a areia dos meus pés e eles novamente encontram mais um bocadinho de praia, arrastando consigo mais um pouco de areia. Vou andando da direita para a esquerda, de leste para oeste, penso eu. Mas constato que me engano quando avisto os altos-fornos de Ijmuiden à minha esquerda. Uns metros adiante, o Ben, o cachorro do Jan, corre contente para lá e para cá acompanhando o Rob e a bola de tênis. Ocupo-me de algo diferente: procurar conchinhas. Com satisfação: abaixo-me cada vez que a água cede e encho as mãos com uma profusão de cores vindas do fundo do mar. Despejo tudo na camisa amarela que afanei do Jan para servir de sacola. Umas conchas chegam furadas, uma até com furo grande o bastante para enfiar na correntinha que levo ao pescoço, transformando-a num pingente. O resultado é que, não uma, mas duas conchas me adornam o pescoço. Uma do Sul da França e uma de Wijk aan Zee.

    Levo conchinhas de lembrança de todo lugar que visito. Ponho no chuveiro, em cima da pia, ponho velinhas dentro. Ou, ainda, guardo bijuteria dentro delas. Isso quando não as uso num colar. Sul da França, Wijk aan Zee. Eu bem que gostaria de morar numa casa de praia, onde sempre teria conchinhas de sobra ao alcance da mão.

    Eu, o Rob e o Jan temos tentado ir à praia várias vezes por semana. Agora, finalmente, deu certo. O vento sopra com força e os meus cabelos escuros da Uma ficam todos embaraçados. Enquanto saboreio uma salada de queijo de cabra e tomate, distraio-me selecionando as minhas conchinhas. O Rob faz cálculos para decidir em que posição ele consegue apanhar mais sol. O Jan remexe dentro da sua sacola plástica cheia de tabloides e outros jornais enquanto seu cão, Ben, incomoda os vizinhos.

    Vou ao toalete para desembaraçar os cabelos com a escova de prata antiga da minha falecida avó. Esta escova funciona às mil maravilhas com cabelo artificial.

    O Rob chega correndo e me tasca um beijo na bochecha. Dentro da minha bolsa, o telefone faz grande estardalhaço reclamando atenção. É alguém do jornal *NRC Handelsblad*. Ele não desgosta dos meus artigos. "Fortes" é o adjetivo empregado. E também acha interessante essa coisa com as perucas.

    – Precisamos nos encontrar, mas antes me mande mais um pouco de material.

    Desligo animada.

Terça, 6 de setembro de 2005

Eu e o Rob estamos na mesa da cozinha discutindo o nosso futuro. O futuro. Argh, que palavra horrível. Estamos muito felizes um com o outro, mas mais como amigos do que namorados, acreditamos. Vivemos na estranha situação em que só existe o hoje. E hoje, o Rob é tudo o que eu quero. Mas nos momentos em que ouso olhar além, sei que não vamos longe. Amo o Rob e me sinto feliz e segura ao seu lado. Tudo combina tão bem. Ele, o melhor amigo do Jan e do Jochem e eu, a melhor amiga do Jan e do Jochem. Mas a verdade é que nunca nos comprometemos totalmente um com o outro e isso nunca vai acontecer. É uma escolha, segundo ele, que ambos preferimos adiar até um momento em que tenhamos mais segurança sobre o meu futuro e, portanto, sobre o nosso futuro.

Ainda flerto com outros homens. Preferivelmente casados, complicados ou de jaleco branco, como sempre se confirma. Contanto que tenham passado dos 35.

E continuo a pensar numa vida com o Jur, embora ele nunca tenha se aproximado de forma além do amigável. Também nunca transamos.

Sempre que penso na longa sequência de namoros curtos que tive, vem-me uma palavra à cabeça: dúbio. É perfeitamente possível estar apaixonada por vários homens ao mesmo tempo. Isso explica uma coisinha ou outra sobre a volubilidade das minhas relações. Ou pode ser também que nunca tenha conhecido um amor verdadeiro, em que uma única pessoa conta, e uma única pessoa dorme comigo. Quero sempre estar em todas por medo de deixar algo escapar. Quando tinha quinze anos, já saía com uns garotos-propaganda cheios de lábia com quem acabava no Club de Ville, ao invés do Paradiso. Ou andava em companhia de trintões no Roxy ao som de *swing*, ao invés de estar com outros adolescentes no Melkweg ao som de *house*. Só me ocorre uma única razão pela qual já àquela altura preferia ir para a cama com homens mais velhos: adrenalina. Logo aprendi que meus olhos grandes e lábios grossos me podiam levar longe. Um artista muito doidão, um persa possessivo, um corredor de bicicleta maconheiro, um xeique do petróleo de Déli, eles estão todos na minha lista.

Sou boa na garimpagem, o que é bom porque sou uma garota bem carinha. Acabei de fazer uma estimativa de quanto vou custar este ano. E não me refiro às minhas blusas de seda e aos sapatos de veludo. Não... falo das injeções de leucócitos de 1.344 euros cada, comprimidos a 35 cada e tomografias de – se segura! – 800 euros por chapa. Aliás, já fiz cinco dessas, além de uma ressonância magnética, somadas todas as minhas noites no hospital ao custo de 967 euros por noite. Tudo isso somado já daria uma verdadeira fortuna.

Quanto mais eu penso nisso, mais me parece recomendável um astuto consultor tributário cheio das manhas ou aquele persa de Londres que sem hesitar me oferecia bilhetes de avião inteiramente às suas custas. Fui uma vez só, não queria perder. Estava tudo pronto: a champanhe, a companhia, a mesa no exclusivo clube Boujis de Londres. Mas quando fui fazer um reconhecimento da pista de dança, mesmo sozinha, apareceu aquele olhar de posse. Nunca mais.

Infelizmente, o Rob também tem olhos para outra mulher e não se limita a jantares com ela, mas sempre que pode também a leva a uma ou outra esquina mal iluminada. Ela tem pernas bem longas e eu só tenho um metro e setenta e um de altura.

Fui eu mesma que incentivei o Rob, mas prefiro não ouvir o nome dela; melhor seria nem saber da sua existência. É claro que ela surge vez ou outra nas nossas conversas. Às vezes, porque não consigo conter minha curiosidade, outras porque o Rob concluiu que somos apenas amigos e entre amigos se pode falar dessas coisas.

Quarta, 14 de setembro de 2005

A fila mais comprida de toda a Holanda e somos os últimos. Percurso OLVG – Centro Médico Erasmus. Da quimio para a rádio. Minha irmã veio junto. Quanto mais longa a viagem, mais durmo, essa é a vantagem. Depois de papearmos por meia hora, adormeço no colo dela, pois não aguento mais. E não quero mais. Não quero mais fazer parte do elenco do "Star Wars" e não quero mais ser durona. Sou mole e fraca. Minha barriga e bochechas ficaram chupadas para dentro. O meu olhar abstraído e minhas olheiras cada vez maiores. Cansada. Cansada de Roterdã. Com as pontas dos dedos, minha irmã faz carinho suavemente na minha careca e a Pam está largada sobre o banco de couro. Mais tarde, por toda a duração da viagem, a mana ainda me faz coceguinhas nos braços e costas, pois ela sabe que gosto.

De repente, sinto algo correndo entre as pernas. Seguro meu crucifixo com força para deter o fluxo. Urina.

– Mana?
– Quê?
– Estou fazendo xixi.
– Não!
– Não é nada grave, só molhou a calça um pouco e já parou.

Quinta, 15 de setembro de 2005

Por coincidência, damos de cara um com o outro numa cidade estranha. Ele, em viagem de negócios e eu, caçando. Uma confluência de circunstâncias inesperadas me trouxe ao hall do hotel dele. Um hotel desses em que você gostaria de passar meses, sem sentir qualquer saudade do seu sabonete, pia e escova de dentes. É nesse hall que o encontro, sentado no bar com um bando de outras gravatas.

Eles bebem, fumam charutos e riem com estardalhaço. Estão descontraídos e cientes do caráter efêmero das suas oportunidades em busca de aventura.

E então chego eu. Para me informar sobre o endereço de uma certa festa que estou procurando há dez quarteirões sem encontrar. Estou com dor nos pés – depois de apenas uma hora com os sapatos novos de salto – e a saia justa fica subindo assanhada. Percebo que a atenção do grupo de homens desconhecidos do bar se desvia na minha direção. Cautelosa e sedutora olho de volta para eles. Para ele, pois lá está o Doutor K. entre companheiros, colegas e outros membros do seu círculo de relações.

Por certos homens sinto desejo. Desejo puro e simples. O Doutor K. é um desses homens. Mantenho o passo, meneio a cabeça – nada é impossível –, jogo para trás meus cabelos castanhos ondulados. Sorrio, consciente de toda minha feminilidade, e me aproximo dele sem alarde. O preâmbulo já foi concluído e ele mordeu a isca.

Brincando, mas muito concentrado, ele vai abrindo os botões da minha blusa olhando sem parar bem dentro dos meus olhos. Meu sutiã preto de renda fica a mostra. Uma mão desaparece em busca dos meus seios enquanto a outra vai abrindo com destreza os ganchinhos nas minhas costas trêmulas. Meus mamilos entumescidos entre os seus dedos. Ele os beija, beija-me o pescoço, beija-me. Cada vez mais rápido e com mais sofreguidão. Excitação. Desejo. Ele me levanta nos braços e me deita com cuidado bem no meio da sua cama. Desaparecemos entre os lençóis, por toda a noite, até que caímos no sono enganchados um no outro exaustos, só acordando quando começa a surgir os ruídos da cidade desconhecida.

Romântica como sou, prolongo essa noite com mais cinco manhãs, dias e noites que passamos desfrutando um do outro. Juntos na mesa do café da manhã, em programas culturais e em jantares demorados. Mas sobretudo à noite, quando só existimos eu, ele e os lençóis.

– Senhora Van der Stap.

Levanto o olhar e deparo com os olhos do Doutor K. Agora é só acordar, sonhadora...

Um pouco inclinado para frente, com as mãos entrelaçadas, ele me observa piscando muitas vezes com os seus olhos azuis. Fico vermelha e sinto uma nova onda de calor que me percorre as costas muito rápida, deixando no seu rastro uma trilha de gotas de suor. Quem dera tivesse os comprimidos da Rita à mão.

– Em que posso lhe ser útil? – pergunta.

– Mais um examezinho dos pulmões?

Feliz da vida de estar no consultório do Doutor K., hora de respirar e suspirar. Imagino como será sua vida fora do horário de trabalho. Exatamente como a todo mundo, ou talvez um pouco mais do que todo mundo, por causa da base ética da sua profissão: é provável que ele leve uma carga considerável para casa todos os dias. Ou pode ser que ele consiga se desligar da maior parte desses pensamentos no caminho para casa. De qualquer forma, alguns devem acompanhá-lo quando ele vai para a cama. Só de pensar que ele pode me levar para a cama também... Mas o que será que passaria pela cabeça dele? Coisas proibidas, tomado de assalto por sentimentos de comiseração? Ou desejaria aqueles olhos castanhos travessos que o encaram tão deliberadamente?

Ah, Pam, lá vai você de novo... Candidatos potenciais escondidos atrás de um jaleco branco. As primeiras semanas vivi sob a impressão de que gostaria de ser examinada pela maioria dos jalecos brancos que circulam à minha volta. Naquela altura, os jalecos brancos ainda me causavam grande impressão. Agora, seis meses depois, já consigo enxergar para além do jaleco. A primeira coisa é verificar se o comprimento da calça está adequado para os sapatos. Se vejo um centímetro da meia aparecendo, já passo para o jaleco branco seguinte.

Segunda, 10 de outubro de 2005

Hoje de manhã, acabei de ler a história do Oscar. O Oscar tem dez anos e mora na seção pediátrica de um hospital. Sofre de leucemia. A sua vida inteira se passa dentro de um hospital. Assim como outras crianças, é lá que ele vai dormir toda noite e acorda na manhã seguinte. Assim como eu, o Oscar também tem a sua enfermeira predileta: a Tia Rose. É ela quem o aconselha a levar os seus problemas a Deus. E assim o Oscar encontra um novo amigo nas suas cartas a Deus sem perceber que é ele mesmo que as responde todas com o passar dos dias.

Oscar tem vários amigos na seção. Seus melhores companheiros são o Einstein e o Pipoca. Do Einstein, ele explica que ele não recebeu esse nome por ser mais inteligente do que os outros, mas porque tem a cabeça do dobro do tamanho das outras crianças. O Pipoca ganhou esse nome por causa do seu sobrepeso. Segundo o Oscar, a única peça de roupa que entra no seu amigo é uma camisa americana de beisebol – daquelas listradas. Mas as listras estão com enjoo, segundo Oscar.

O Oscar também descreve sua impressão sobre as meninas que andam pela seção: Chinese girl e Peggy Blue. A primeira usa uma peruca ao estilo de uma chinesinha e a outra está sempre com a pele azulada. O Oscar mesmo tem o nome de Cabeça de Ovo.

Todos os dias a Tia Rose se senta por um longo tempo na cama do Oscar e o entretém com belas histórias e lembranças da sua carreira no beisebol na posição de "pegadora". Ela fala com tanta naturalidade da morte e da doença dele como da vida e do envelhecimento. Ela ensina Oscar a ver sua morte inevitável como parte da vida e lembra--o de que um dia ela também vai morrer, assim como ele, doze dias depois. Porque esse foi o tempo de vida que os médicos deram para o Oscar: doze dias. Foi ela quem, nos seus últimos dias, lhe ensinou a se transformar de um menino de dez anos em um ancião de 100 capaz de associar a ideia de que nunca mais vai acordar com paz.

Não tenho dúvidas de que o Oscar viveu, e talvez também tenha morrido tão cedo, a fim de nos legar a sua história. Legá-la aos seus entes queridos, aos seus amiguinhos da seção, a mim e a outros tantos pequenos Oscars, cada um deles pessoas pequeninas, mas ao mesmo tempo grandes heróis. Encontrei o meu herói.

Quinta, 20 de outubro de 2006

Pisco os olhos e sinto os cílios passarem pela fronha do travesseiro. Tudo está crescendo de volta: os cílios, as sobrancelhas, a primeira penugem na cabeça e infelizmente nos outros lugares também. Levanto e procuro meu delineador que está em algum lugar no fundo da necessaire.

Estou sem apetite nenhum no café da manhã, mas parece que isso é normal para pacientes com câncer. Que droga.

Apesar das nossas dúvidas, eu e o Rob resolvemos sair para uma viagem rápida. Até Luxemburgo, porque lá é tudo tão feio e queremos olhar de perto aqueles alemães meia-boca. Tiro bem umas cem fotos, indo desde folhas outonais, o Rob, uma paisagem e mais Rob.

De manhã, saio do hotel como Pam e à noite vou para a cama com o Rob como Uma. A recepcionista não entende nada e olha para o Rob meio confusa. Ele entra no jogo de bom grado.

– Mas cadê a sua outra namorada? Você a deixou na cidade? – pergunta ela, em inglês.

Comemos mexilhões, tomamos vinho tinto e fazemos festa até para os cachorros que cruzamos na rua. Akita é a nossa raça favorita. Ainda vamos dançar num clube local.

– Olha só que belas fotos de férias! – digo animada para a irmã do Rob, na volta. Rob e Pam no café da manhã. Rob e Pam no carro, Rob e Uma passeando, Rob e Sophie à mesa.

Andamos agarrados um no outro. Talvez mais do que de hábito e mais do que outras pessoas, porque a Velha Senhora ronda à espreita. A ameaça faz com que eu sinta cada olhar, cada gracinha, cada lágrima de forma mais intensa.

Agarrar-se até não ter mais no que segurar. Como é difícil se desapegar.

Domingo, 6 de novembro de 2005

Estou na Espanha, na casa do Otto e da Bebé. É a primeira vez que encontro a Bebé e também a primeira vez em muito tempo que revejo o Otto. Quando o Otto soube da minha doença, surfou na internet como doido e telefonou para antigos colegas. Em outros tempos, ele também foi médico.

O Otto é um velho amigo dos meus pais que já se casou três vezes desde que meus pais o conhecem. Há cinco anos, ele se mudou para a Espanha com a Bebé e desde então mora nas cercanias de Granada. Depois de trabalhar duro por anos como cirurgião, cirurgião plástico e técnico de eletrônica, ele disse chega para a cidade.

A Bebé também se casou três vezes na vida. Como ex-top model nos anos sessenta e assistente numa clínica particular que fundou com o Otto, ela tem uma vida bem movimentada no currículo.

Tão movimentada que, a cada novo dia, ela celebra toda a tranquilidade que encontrou com o Otto na Espanha. Aqui eles levam uma vida independente, afastados do mundo convencional. A cidade mais próxima fica a cinco minutos de carro e, mesmo lá, não se encontra muito. Mas é justo isso que faz que eles tenham prazer de viver aqui e eu ter prazer de estar aqui. A simplicidade de um único mercado, um único café e uma única igreja. A região é belíssima, um vale profundo, montanhas e, ao longe, um pedacinho de mar.

Aqui o tempo não existe. De manhã, levantamos na hora que queremos, comemos na hora que queremos e planejamos o que queremos fazer. E o que planejamos não é mais do que uma visita ao supermercado local ou uma excursão de um dia a Granada. Pois é aqui que eu, pela primeira vez, esqueço da passagem das semanas. Ainda que já não saiba mais o dia da semana, estou sempre a par da semana do ano, só para ver passando as minhas 54 semanas. Quanto mais cruzinhas se acumulam no calendário, melhor compreendo o significado de ser feliz hoje.

Talvez seja por isso que ando com tanto medo do que está por vir. Toda noite, enquanto espero o sono, não consigo deixar de pensar no meu enterro. Quero sonhar com o futuro, mas não consigo. E não me atrevo. Penso no meu caixão e no que meu pai vai falar e no que minha mãe vai vestir. Na minha irmã, que fará o possível e o impossível para dar apoio aos meus pais, esquecendo-se de si mesma. Na Annabel, que dará um beijo no meu caixão. No Rob, que ousou amar uma mulher com câncer. Em cada uma das pessoas que amo e que me ama. No Marco e no Oscar que me antecederam.

A experiência médica do Otto e da Bebé faz-me sentir segura aqui. Percorremos o meu prontuário médico – que arrasto para todo canto e mostro para todos os médicos que aparecem na minha frente: minha trajetória com médicos, medicamentos e estatísticas aborrecidas. Eles ensinam-me a detectar uma infecção urinária examinando o xixi num penico e como combinar vitaminas e suplementos para preveni-la.

Terça, 8 de novembro de 2005

Com o rosto vermelho da caminhada, desmonto sobre a cama. O Oscar e o Lance me acompanham, no criado mudo. O Oscar que morreu e o Lance que está andando contente na sua bicicleta. Penso no Jurriaan que não para de ir e vir entre o clube noturno e o hospital – ele faz residência e é DJ. Quanto mais companheiros de infortúnio encontro no meu caminho, mais reflito sobre aqueles que superaram a doença e sobre aqueles que nos deixaram. Será que no final vou morrer disso? Será que meu ex vai perder, não uma, mas duas ex-namoradas de câncer? E a minha amiga: seria concebível que ela, ainda tão jovem, perdesse duas amigas queridas? Olho para mim mesma e me pergunto qual seria a chance de ser justo eu a pessoa que anda por aí com um tumor raro no corpo. Não é uma argumentação bem construída, mas se trata de mim mesma e como tal é uma argumentação especialmente bem fundamentada. E não há estatística que supere isso.

Puxo para o lado os cabelos compridos e castanhos da Lydia para que não fiquem caindo dentro do meu prato com peixe e verdura. Hoje a Bebé me deu uma peruca que ela tinha guardada da época em que ela usava. Estamos no restaurante local de Orgiva, quase uma aldeia, a mais próxima cidade. Conversamos sobre médicos, ciência e a minha biópsia que já recebeu nomes diversos conforme o patologista-anatomista.

– Não me importa tanto como vamos chamar esse bicho, contanto que possamos tratá-lo.

Essa foi a primeira reação do Doutor L. ao receber opiniões divergentes sobre a amostra de tecido que enviara. O fato de que minha doença não ocorre na minha idade e de que sob vários aspectos minha biópsia aponta em direção diversa do meu primeiro diagnóstico, põe-me na categoria dos sarcomas chamados idiopáticos. Ou ainda, dos chamados "não-rabdomiosarcomas".

O Otto acredita que pode ter havido um erro no meu diagnóstico. E que esse erro pode muito bem vir a salvar a minha vida. Que o meu tratamento pode ter sido excessivo da mesma forma que, de outra forma, poderia ter sido insuficiente. Que eu, neste último caso, já estaria "mortinha da Silva". Que ainda há tantos indícios duvidosos dentro dessa salada toda que a zona cinzenta entre benigno e maligno é bastante – digamos – obscura. Que conversa mais empolgante. Como é legal falar com médicos.

Quarta, 9 de novembro de 2005

Embora na minha convalescença empenhe os maiores esforços para não acabar seguindo prematuramente os passos de Oscar, não consigo deixar de pensar sem parar no Marco que faleceu há um ano, neste mesmo mês. Sendo assim, quando for dormir esta noite, vou pensar no Marco que há um ano exatamente também foi dormir para não acordar mais no dia seguinte. Era 10 de novembro de 2004 quando os pais dele se reuniram ao lado da sua cama na seção de Oncologia Pediátrica do Hospital da Universidade Livre de Amsterdã. O Marco chegou a completar dezessete anos e meio. Por pouco a idade necessária para dirigir sem restrições, o seu grande sonho.

Mas, felizmente, velho o bastante para dirigir de vez em quando na pista de corrida.

Vou tratar de tomar todas as minhas gotas para melhorar as minhas suprarrenais que, assim como o fígado, sofreram um baque com a radioterapia. E tratar de engolir minha vitamina C para prevenir a infecção na bexiga que já sinto a caminho. Vou desligar a luz principal e ligar o abajurzinho que me supre de luz suficiente para ler e escrever. Vou pegar o livro que ainda não sei se é suficientemente cativante para que eu leia as centenas de páginas restantes e vou me encolher debaixo do acolchoado quentinho para me aquecer o mais rápido possível, logo naqueles primeiros minutos. Vou pensar nos meus pais que hoje completam vinte e sete anos de casados. Depois vou abrir o livro e imediatamente me distrair e pensar no Marco, a quem coube, assim como a mim e a tantos outros, descobrir essa doença enquanto ainda era demasiado jovem. Com a grande diferença de que o Marco não saiu dessa e eu ainda estou aqui. O que nos separa é a sua morte e a minha vida, mas ao mesmo tempo é a sua morte e a minha vida que me fazem sentir tão ligada a ele. Pois é no Marco e no Oscar que penso quando estou com medo. Junto deles sinto-me segura, porque eles estão lá, no lugar para onde me encaminho, talvez muito brevemente.

Não conheci o Marco. Conheço os pais dele, Salvatore e Adèle. Parece meio brutal escrever sobre ele sem nunca ter podido vê-lo. Mas parece mais brutal ainda não escrever sobre ele e simplesmente "abandoná-lo" porque ele já não existe mais. Para mim, ele existe sim. Levo a sua foto na carteira. Ao fazê-lo, ele faz parte da minha vida e o mantenho vivo bem diante de mim. E se o seu destino num certo dia for como o meu, então os meus pensamentos estarão com ele. Com ele e com o Oscar, que, aos dez anos de idade, também morreu cedo demais. Juntos poderíamos ser os três mosqueteiros, penso com um sorriso. O Oscar, que era esperto demais para as enfermeiras, o Marco, que se foi rápido demais para todos aqueles que ficaram, e eu, como uma pequena Nikita com todas as minhas perucas. Porque elas também vão junto, é claro.

Amanhã vou à igreja da aldeia. Mas antes passarei pelo mercado para comprar as nossas verduras. Lá, terei comprado um colar de conchas de uma mulher africana que se veste de rosa-choque, aumentando ainda mais o contraste da sua pele escura e dos seus dentes brancos.

Conchinhas. França, Wijk aan Zee, Nerja.

Gostaria de acender uma velinha para o Marco, Oscar, Salvatore e Adèle. E para a minha própria mãe, meu pai e minha irmã que têm suportado uma carga que só aumentou nos últimos anos. Vou encontrar uma igreja vazia, onde não terei vergonha de cochichar com o Marco. Com os olhos cheios de lágrimas, vou sentar no primeiro banco da igreja. Isso vai me causar certo espanto, mas é que agora ando vulnerável e emotiva. E vou sair da igreja ainda enxugando as lágrimas.

Sexta, 18 de novembro de 2005

Às vezes esqueço que ainda sou a Sophie. É bem verdade que num corpo muito diferente, com câncer, mas ainda assim sou a Sophie. E acontece que a Sophie sofria às vezes de dores de amor. Hoje é o quarto dia que não falo com o Rob ou não o vejo. Ele achou uma outra com quem talvez esteja muito feliz e apaixonado. Merda!

Estou no ambulatório de Oncologia. Ou seja, o ponto de viver ou morrer. Isso põe o Rob um pouco em segundo plano. Adoecer – relativizar. Já começo a colher os primeiros frutos.

Examino seis poltronas verdes de avião e sento-me na sétima. Quando cheguei estavam todas ocupadas, mas agora já há três livres. A enfermeira do ambulatório se chama Judith. Ela está lá o tempo todo, esta é a vantagem que tem sobre as outras enfermeiras. Ela é rápida, competente no que faz e espirituosa. E tem um pote de vidro com biscoitos champanhe na mesa.

Meu médico também sempre passa por lá. Ele só vem falar com os pacientes quando eles aparecem com queixas ou perguntas difíceis, que no meu caso são antes a regra do que a exceção. Considero-o, portanto, um personagem principal do filme que a cada três semanas, na tarde de uma sexta-feira, é rodado no OLVG. Não que o desempenho artístico da Judith deixe a desejar em relação ao dele, mas é que é ele o médico no final das contas. O cacique, por assim dizer. Será que ele ainda se lembrará de mim quando deixar de entrar na sua sala com a mesma regularidade dos últimos meses? Será que ele se recordará de mim? Será que lamentará se não tiver conseguido fazer a sua ciência triunfar no meu caso? Será que ele virá para ver o meu caixão? Será que ele se perguntará quanto ao meu paradeiro? Será que ele ainda manterá a minha caneta na sua mesa?

Quarta, 23 de novembro de 2005

– Você está apaixonado? – olho o Rob ansiosa e aflita, preparando-me para o duro golpe que está por vir.

– Estou.

E eis-me ali sentada, boquiaberta. E eis-me chorando no chão.

E eis-me ali me arrastando para debaixo dos andaimes na rua.

O momento é totalmente irreal. Ainda assim, extremamente real. Exatamente como naquela outra situação traumática. Mas a esta altura já deveria estar sendo menos devastador, pois desta vez trata-se afinal de amor e de namorados, de que sempre haverá muito mais vida afora, e não de vida ou morte.

O Rob fica com o olhar fixo ao longe, segurando as lágrimas por minha causa. Tenta fazer contato, toca-me, segura a minha mão, faz carinho no meu rosto.

Repilo-o com violência. Que teatro!!! E infelizmente é a realidade. Deus meu, quanta dor. Desejo contato com ele, as suas mãos e braços, mas não sou capaz. Aos gritos, digo-lhe que ele tem que ir embora e desaparecer da minha vida levando consigo toda a dor que de outra forma deixaria para trás. Que nunca mais quero vê-lo. E naquele momento estou convencida de ser esse mesmo o meu desejo.

Aconchego-me bem juntinho da Annabel. A bolsa rosa de couro que uso nos fins de semana está do lado da cama dela, os gatos Billy e Mimi se aninham entre nós duas. Tanto carinho, mas não consigo sentir nada além do vazio.

Quinta, 24 de novembro de 2005

Encontro-me sentada de penhoar no banco do parapeito da janela da Annabel, aquela que estava ao meu lado quando acordei hoje cedo. Olho para a rua me sentindo um trapo, porque ontem à noite fui dormir recostada à Annabel e não ao Rob, que deve estar aconchegado nas pernas compridas. E porque o dia da minha próxima tomo está cada vez mais perto.

Tenho ódio de tudo. De todo o mês de dezembro com suas festividades. Dos *Pedros Pretos*, das balinhas, das ceias em família, daqueles sonhos pavorosos cheios de gordura, das ostras e do champanhe. Odeio o dia de hoje e tudo que nele acontecer. Odeio-me por sentir tanta dor por um otário. Por sentir mais falta dos braços dele do que dos da Annabel, sempre tão dispostos a me amparar. Odeio as pontadas que sinto no corpo, sempre reacendendo o medo. Odeio meu tumor com toda a sua família de tumores. Odeio meu câncer. Odeio meu corpo.

Olho impaciente para o relógio, ainda não são oito e meia. Preparo mais uma xícara de chá e, durante oito minutos, não descolo os olhos do ponteiro dos segundos. Tenho um plano. Um plano de emergência. Pego o telefone e digito o número do meu ambulatório. Meu ambulatório no OLVG e meu ambulatório no Centro Médico Erasmus de Roterdã. Meus médicos. Convenço-os todos a antecipar minha tomografia. As pontadas suspeitas são o pretexto. Afinal, não há como explicar-lhes que já não consigo ver saídas desde que o Rob partiu. E agora como explicar essa antecipação aos meus pais, minha irmã e ao resto da minha família tão abalada?

Minha tia sempre soube lidar com situações assim. Ligo para ela e, meia-hora depois, continuo ao telefone aos soluços. Ela também não consegue evitar os soluços, causados por ver que sua sobrinha mais velha de repente se tornou uma menininha. Em seguida, ligo para o papai e a mamãe que nesse meio tempo já tinham recebido um telefonema do próprio OLVG porque minha linha estava ocupada enquanto eu falava com minha tia. De fato, tenho muito a lhes explicar.

– Mamãe?

– Oi, querida, como é que você está? – diz ela doce e atenciosa, mas um pouco tristonha também.

– Não muito bem. Acabei de adiantar a data da minha tomo. Não aguento mais a incerteza. Não sem o Rob.

– Eu entendo, querida. O OLVG acabou de ligar, está prevista para terça-feira, dia 29. Posso ir junto?

– Você é um amor. Não sei, quero que o Jur vá, preciso ver se ele pode.

– Tá bom, querida, você está vindo para casa? Estou fazendo uma xícara de chá.

A Annabel vem descendo a escada:

– Esta noite vou dormir com o Bart.

– Ah.

– Amiga, você precisa entender que estes dias têm sido um inferno para mim também.

– Eu entendo, amiga, não se preocupe. Eu me ajeito perfeitamente no sofá.

– Você não está sozinha, Phie. Todos nós estamos pensando em você.

– Eu tenho me sentido tão sozinha.

– Eu estou aqui para te apoiar. Eu e todos nós.

Tinha esquecido isso. Cada pessoa à minha volta está pensando em mim, cada um à sua maneira. Agora que me dei conta disso, percebo que nunca estive sozinha.

Quem sabe se um novo penteado não ajudaria, um cabelo novo, que não tenha nada a ver com ele, mesmo porque ele ainda não o conhece? Ou quem sabe ele não se apaixona perdidamente por mim de novo quando vir uma garota assim, sedutoramente jovem e loira. Na loja de artigos para teatro, interessa-me o superousado e superloiro com cachos que vão quase até o umbigo. Meio russa, o que combina com meu atual status de solteira. Batizo-a de Bebé, por gostar tanto dela e, ao mesmo tempo, achá-la uma gata. Na loja de departamentos Bijenkorf seleciono novos itens de maquiagem. Delineador grosso e preto e sombra violeta.

Passam-se seis dias e cinco noites e lá estou eu sob a máquina. Mais sete dias e seis noites e me levam à porta da sala branca. A partir daí as coisas podem tomar um rumo qualquer. Eles já não têm tantas cartas na manga. Estou com medo. Caminho e caminho sem saber para que lado quero ir. Por fim, deixo-me despencar num banco.

Sexta, 25 de novembro de 2005

– Então você tem total confiança na Fam e na Floor?

O jovem diante de mim assente com a cabeça, balançando os *dreadlocks* para lá e para cá.

– Vamos experimentar umas vezes primeiro. Se ficar bom, você pode ficar com os dois meses inteiros. Depois vemos se será possível você continuar conosco de outra forma.

Fui convidada à redação da NL20, uma revista que dá dicas sobre a cidade, por recomendação de duas freelancers – e filhas do meu vizinho, a Fam e a Floor. Além disso, o vizinho também está fazendo um blog para mim. É para atrair a atenção do público para a minha história e porque quero escrever, preferivelmente, com um editor, é claro.

Um garoto afeminado com um abrigo tricolor Adidas está passando.

– Uau, que cabelo mais liiiindo!

Ele pronuncia a palavra com certa teatralidade. Na minha cabeça levo a nova peruca loira da Bebé, que depois de só uma semana de uso já está dando mostras da sua idade.

Respondo com um sorriso e nada mais.

– Este é o Louis, ele escreve a agenda e mais outras coisinhas, tais como, a coluna "O Provador". Como dá para ver, aqui somos muito à vontade – diz o *dreadlocks*.

Ele veste uma camisa florida e está descalço. O Louis tem na mão dois tamboretes e uma bola de frescobol. Ao me apresentar, procuro atenuar a imagem de "uma garota com câncer" em favor de "uma garota que escreve", o que não é tarefa fácil, considerando que só disponho de um diário, um prognóstico incerto e uma única obra que nem sequer está no prelo. E estou num dos principais jornais do país...

– Obrigada pela confiança, estou muito animada. Você receberá meu primeiro artigo na semana que vem.

– Fico ansioso para ver.

Segunda, 28 de novembro de 2005

A senhora que está sentada na minha frente é só ouvidos. Ela me interrompe vez ou outra, quando começo a me expressar de forma confusa. Por recomendação dela comprei dois livros na livraria Scheltema: ***A força que se oculta em ti*** e ***O caminho para a cura***, ambos escritos por O. Carl Simonton e dirigidos a pacientes com câncer sem nenhuma intenção de desistir da luta. A recomendação foi forte e ela pediu para que eu desse destaque aos tais livros, eis porque peço atenção para meu editor para que os coloque em negrito.

Ainda tenho seis dias para trabalhar na mentalização das minhas células cancerosas a quilômetros de distância de mim. É assim o método.

Desliguei o telefone e desmarquei todos os compromissos também. A não ser os de hoje e de amanhã, porque nestes dias ando precisando muito da minha terapeuta. Ou passo um tempão sem dar as caras ou a vejo todo dia.

Ela me pede para visualizar o meu medo, de olhos fechados, e depois fazer um desenho. Desenho uma nuvem nas cores azul e verde. Logo acima, uma outra nuvem, que tento tirar dali a todo custo, mas que é mais matreira do que eu e se mistura com a minha primeira nuvem.

Feito isso, ela me pede de novo para fechar os olhos e imaginar que o desenho está bem na minha frente.

– O que está acontecendo?

– Eu penduro o desenho emoldurado na parede, acima da minha cama.

– E?

– Vou até lá e tiro do prego de novo. Volto para a cama abraçando a moldura bem apertado, como se fosse um bichinho de pelúcia.

– E o que você acha que isso significa?

– Talvez que eu não queira continuar evitando o meu medo?

– Sophie, existem muitas Sophies em você: uma Sophie alegre, uma Sophie forte, mas também uma Sophie com medo e insegura. Você tem que aceitá-las antes de poder fazer qualquer coisa quanto a isso.

"Pôr em ordem" e "fazer limpeza" são as palavras mágicas que, pronunciadas pela minha terapeuta, adoto para mim enquanto ainda estava deitada no divã.

Terça, 29 de novembro de 2005

Quero tirar o Rob da cabeça. Procuro no meu telefone os meus antigos amores. Tudo para ter certeza de que não vou ficar sobrando.

De repente percebo como lido mal com a insegurança. Só o hoje e o ontem, nenhum amanhã. Nenhuma certeza do futuro. Nenhum sonho. E também nenhuma certeza do meu amor. Será que ele está transando com ela agora? Desgraçado. Canalha. Tomara que tenha um ataque cardíaco em pleno ato sexual.

A caminho da caixa do correio, passo pelo café da Haarlemmerstraat, que o Rob tanto gosta. Pelo vidro, vejo-o sentado com uma garota de pernas longas. Eles riem. Dou uma olhada, engulo a seco, escondo-me atrás da Bebé e continuo meu caminho para a caixa do correio.

Quarta, 30 de novembro de 2005

Tremendo, estou na mesma cadeira do dia em que me deram as más notícias. O Jur está na cadeira ao lado. Pedi que viesse porque é a única pessoa capaz de me olhar nos olhos e me convencer de que nada é impossível. Mesmo quando é assim que parece ser.

O Doutor L. está diante de mim.

Ele sorri.

– Qual delas é você hoje? Gostei assim, com o cabelo assim comprido.

A esperança vai vencendo o medo dentro de mim. Agradeço o elogio com um gesto discreto, quase arrancando os cabelos da Bebé de nervosa. Vim maquiada e com a minha melhor blusa de seda na intenção de converter minha esperança em convicção.

– Pois então, Sophie, tenho boas notícias para você.

De tão empolgada, meu joelho fica saltitando à procura do Jur. O joelho dele faz o mesmo. Vejo satisfação e orgulho nos olhos do meu médico. Pensei até que ia pular no pescoço dele. Imaginei este momento tantas e tantas vezes. Deixo cair uma única lágrima e lhe dou um beijo apertado na bochecha.

– As chapas estão ótimas. Não se vê mais nada. Radiologicamente, você está livre de formações neoplásicas.

– Livre como? 100%?

– Bom, sempre resta um elemento de incerteza. Mas não há mais anomalias visíveis, embora não tenhamos como afirmar com total segurança que o mal está definitivamente afastado. O tempo dirá.

O Jur interrompe meus pontos de interrogação com um beijo apertado e um abraço longo e carinhoso.

– Que abobrinha era aquela? – diz ele quando saímos da sala – Você está curada e pronto! Que abobrinha é aquela de "o tempo dirá"?

Que bom que o Jur veio. Ele deve saber o que diz.

De uma hora para outra, não é só pelo Jur, aquele garoto extraordinário que me dá tanto apoio, que me sinto apaixonada: também sinto isso pela Annabel, pelo Jan, pelo Jochem e certamente pelo Rob. Pela filha do vizinho. Pela minha família. Quanto mais conto com eles, mais quero contar. Curada, curada, curada. Três orgasmos em um. E isso tudo, rigorosamente sozinha. Sem Doutor K. nem Rob. Deus meu, quanta alegria.

Três copos de vinho e um aperitivo mais tarde, atravesso a Marnixstraat, chegando à Westerstraat, ao Canal do Príncipes e à casa da Annabel. Ela me espera com um grande abraço. Nem consigo acreditar. Então quer dizer que acabou mesmo? Quer dizer que que o pesadelo ficou para trás? Que estou de volta ao jogo? Uma única palavra e a minha vida dá guinada de 180 graus.

Hoje ganhei de volta o amanhã.

– Vó?

– Sim?

– Você fica um pouco menos triste se eu disser que estou curtindo a vida? E que agora não paro mais?

Ouço a vovó chorando baixinho do outro lado da linha.

Quinta, 1º de dezembro de 2005

À meia-noite entro no Sugar Factory, um clube noturno que fica em frente do Melkweg. Este programa vai ser para *viver* de tudo ao invés de um programa para *esquecer* de tudo. O coração continua tão disparado como ontem na sala do Doutor L. Mesmo assim, consegui aplicar os longos cílios postiços e manter o delineador dentro do contorno dos olhos. Estou com botas altas e cabelo loiro comprido. Uso um vestido supersexy, com um decote que vai até o traseiro. A Floor está de calça jeans, um terninho justo e cachos loiros compridos e verdadeiros. O Jur está com uma camiseta verde, tênis pretos grandões e jeans folgado. Está mais gato hoje do que ontem. Estamos bebendo vinho tinto, exatamente como ontem, e amanhã, e depois de amanhã.

Mas o Jur não olha. Pelo menos não na direção dos meus quadris. Ele fala, escuta, faz telefonemas, atende o telefone quando necessário e fala sobre a sua ex, sua amante e sua atual companheira de cama.

E eu nisso tudo? Admirando-o com os olhos, penso nos meus quadris e nos dele. Nos meus lábios e nos lábios dele. Nas minhas pernas em volta das pernas dele e no nosso almoço de sábado, os meus ovos e os dele fritando lado a lado na frigideira.

Fantasio que passaremos o meu ano pós-quimio em praias de areia muito branca, cidades desconhecidas e sobretudo debaixo dos meus lençóis e dos lençóis dele. Penso até em levá-lo comigo na próxima vez que for visitar o Otto e a Bebé na Espanha.

Meus lábios ficam mais cor-de-rosa com uma aplicação extra de brilho, no banheiro das mulheres. Aproveito para ajeitar o cabelo e deixar o decote ainda mais ousado.

Mesmo assim ele não olha. Parece absorto em sua própria vida amorosa excessivamente movimentada e nem se liga que eu me coloquei na fila.

– Jur?

– Sim?

– Eu já disse que te acho muito especial?

O Jur olha com expressão de quem não está entendendo.

– É?

– No fundo já fiquei um pouco apaixonada por você desde o primeiro dia. Só não aumentou muito porque não te vejo tanto quanto gostaria, mas de um jeito ou de outro, você tem um lugar reservado.

– Puxa. Como você é franca.

Que reação mais formidável essa...

– Então? – digo, ainda pestanejando mais um pouco com os meus cílios tamanho GG.

– Sophie, você sabe que tenho namorada. Não olho para outras mulheres.

– Você já ficou duas vezes sem namorada depois que te conheci.

– E?

– E?

– Sophie, acho você uma gata e também acho que temos algo especial, mas te considero só uma amiga.

– Hum. Mas de qualquer jeito estou contente de ter falado, já fazia tempo que tinha isso entalado na goela.

– Vem cá.

O Jur me pega e me dá um beijo ousado.

Legal, um aperitivinho desses.

Sexta, 2 de dezembro de 2005

É dia de festa. O ecstasy da quarta-feira passada ainda está no meu corpo. Não consigo dormir. Mesmo tendo deixado de tomar café, fico na cama com olhos bem abertos.

O jeito é sair de novo. Para o Clube NL então.

A tia Kristien deixa os filhos e o maridão em casa e vai cair na festa hoje. O Rob também está na pista. Quando nos vemos damos um longo beijo. Seja como for, quero que fiquemos amigos. Sendo assim, faço o possível para não pensar nas pernonas. Vem bem a calhar, porque ela está de férias.

O Rob e eu ficamos juntos a noite inteira. Conversamos sem parar. Sobre gostarmos tanto um do outro. Que ele sente muito. Que deveríamos continuar amigos para sempre. Etc.

Somos amigos, portanto. Legal esses amigos todos. O Rob, o Jur, amigos. Como fico feliz de ter amigos assim.

Sábado, 3 de dezembro de 2005

Uma repórter com um futuro pela frente. É isso que eu sou. Simplesmente, de um dia para o outro. De quarta para quinta-feira. Da incerteza para um esteio, um plano. Do soro para o bloco de notas e um prazo de entrega. Uma ex-paciente de câncer. Não gosto da palavra "ex" e muito menos ainda combinada com aquilo que é uma realidade óbvia para mim. Um alívio emocional enorme, mas esse "ex" ainda me parece estranho. Uma vez escrevi que o mundo já não está mais aos meus pés. Que são os outros pacientes da C6 que agora ocupam essa posição. Hoje as coisas são diferentes. Hoje posso dizer que o mundo nunca esteve tão aos meus pés como hoje. Pois hoje sou uma repórter com um futuro.

Abro o jornal *NRC Handelsblad* e procuro a seção "Vida Etc". O Rob está ao meu lado e tão empolgado quanto eu. Depois de duas semanas afastados, é uma ótima sensação tê-lo de novo ao meu lado, segurando a minha mão. Exceto pela existência de mulheres de pernas compridas, tudo voltou a ser como há duas semanas.

"AS PERUCAS DE SOPHIE" lê-se no topo da página. Aparecem quatro fotos minhas: a foto em que estou fazendo o gesto chulo com o dedo, uma da Platina, uma da Uma e uma da Sue.

– Olha só, eu também estou estreando! – diz o Rob, apontando para a foto da Uma que ele tirou há três meses em Luxemburgo.

Leio a matéria em voz alta. A cada palavra que pronuncio, o Rob vai ficando cada vez mais radiante.

– Como tenho orgulho de você. Veja só. Ha-ha, que danada.

Nossas mãos entrelaçadas ficam como se fossem uma bola. Continuamos assim.

– Rob, quando é que você vai parar com aquele disparate com a pernonas e vamos começar a ter filhos? Eu posso tranquilamente providenciar para que ela seja raptada por um colombiano selvagem ou, melhor ainda, por um babuíno selvagem.

O Rob ri. Mas permanece a tensão. Tensão por gostarmos tão absurdamente um do outro e, por isso, termos tanto prazer de estarmos juntos. Olho outra vez o meu artigo no jornal, que está em cima da mesa do café. Mas que dia: aparecer no jornal como paciente de câncer vestida na última moda. Minha noite com o Gravatinha, vivida em segredo, agora escancarada bem ali na mesa. Que sensação incrível.

Terça, 6 de dezembro de 2005

Antes de eu me dar conta, já é terça-feira de manhã e me encontro na frente de um edifício muito chique no Herengracht, o Canal dos Senhores. Toco a campainha e abrem a porta pelo interfone.

– Bom dia, tenho hora marcada com a diretora de redação.
– Seu nome, por favor.
– Sophie van der Stap.
– Pode esperar um instantinho ali. Vou ligar para ela.

A moça da recepção aponta para um sofá de couro preto. Há uma mesinha branca com um exemplar do jornal *Het Parool*, folhetos comerciais e a revista *NL20*. Sento-me e observo o ambiente com curiosidade.

O hall é de mármore e azulejos brancos típicos. Meu pai gosta de me instruir a respeito sempre que passamos a pé pelo centro de Amsterdã. Ele conta histórias ou menciona dados históricos conforme vamos passando pelas fachadas, ruas e igrejas. Lembro que, uns meses atrás, saímos para visitar igrejas e acabamos numa igreja antiga em De Wallen chamada Onze Lieve Heer op Zolder, ou Nosso Senhor do Sótão. Essa igreja clandestina fica escondida no terceiro andar de um antigo casarão inclinado, daqueles típicos dos canais. É uma igreja com tudo que tem direito: órgão, balcões, vitrais e azulejos como estes. Acabei cansada e sem fôlego de subir as escadas estreitas no meio de todos aqueles visitantes. Tivemos até que descansar um pouco num banquinho. Naquela época, não imaginava uma causa física para o cansaço. Que diferença para agora, só dois meses depois.

– Sophie? Você me acompanha?

Mesmo que a editora insista em me chamar de "escritora", ainda não me atrevo a ter esperanças de que ela pense em fazer um livro comigo.

Paciente de câncer sai a público com suas perucas, lágrimas, intrigas com médicos e sonhos. Leia-se: Paciente de câncer vira celebridade.

Fui convidada para o programa de televisão De Wereld Draait Door. Lá estou eu, toda maquiada. Perucas diversas vão passando pela sala. Ruiva, loira, morena, com cortes curtos, longos, escorridos e incrivelmente loiros. Quem será a escolhida? Uma, Daisy, Blondie ou Platina? Bebé ou Pam? Eu entre editores, apresentadores de televisão, camisas bem passadas e cabeças raspadas a zero, entre fotógrafos, maquiadores, mídia, relações públicas e muitíssimos sorrisos. De saltos altos, blusa de seda ou vestido para a noite.

Esquecer compromissos, como cabe a uma verdadeira celebridade. Ocupada demais. Ares de grande estrela. Ser acordada às nove e meia para uma entrevista. Hoje à noite na televisão. É, é realmente incrível ser eu mesma, uma paciente de câncer.

Em seguida, no jornalzinho da OLVG: "A estreia de uma jovem e promissora escritora. Saiba detalhes sobre o Doutor C. – ou era o Doutor K? – e outras experiências e intrigas de uma jovem paciente de câncer da OLVG".

Existe um mercado para isso. Eu sei muito bem. Umas fotos de frente e de trás da minha cabeça, talvez um encarte com as minhas metamorfoses nas páginas da revista *Beaumonde* e uma entrevista no programa Barend & Van Dorp. Todos esperam ansiosos: um pouco de drama envolto em glamour no jornal de manhã cedo, à tarde numa revista no cabelereiro e à noite nos programas populares da TV.

A única coisa que tenho que fazer é mostrar que a vida com câncer é possível, que ainda sou capaz de rir e desfrutar dela. Que continuo a gostar de fazer compras, me produzir e sair, pois essas coisas continuam tão bacanas como antes. Que a vida com câncer não é sinônimo de um corpo esquálido, dores e vômitos intermináveis. Que pode até ser bem divertido usar peruca. E que isso não vale só para cânceres menos complexos, mas também para complicados como o meu. Lá estava eu, uma garota inocente, mas com câncer.

Igualzinho ao Lance, vou sentar no sofá da Oprah para contar como o câncer fez a minha vida ficar mais bonita. Com um sorriso americano, vou aparecer no palco com um corpinho tratado a dieta de sucos, levando o meu livro debaixo de um braço e um buquê de rosas para a Oprah debaixo do outro. E então a Oprah, cortando o barulho dos aplausos da plateia: "Olha só! Dá para acreditar que você teve câncer? Dá para acreditar, auditório?"

À noite, quando chego em casa depois de ter aparecido na televisão, encontro a minha caixa de entrada cheia de mensagens.

Noventa porcento dos nomes eu não conheço, pela linha de assunto vejo que são comentários relacionados à entrevista com o Cees Geel. Fico superenternecida e entusiasmada com toda atenção. Só caio no sono às três e meia da madrugada.

> Data: Ter, 6 Dez 2005 20:39
> De: Chantal
> Para: Sophie
> Assunto: Oi, Sophie
>
> Acabo de te ver no "De wereld draait door", um amigo me ligou e disse que era para eu ligar a televisão. Também tenho câncer e não pude deixar de rir com as coincidências de como lidar com isso.
> Mais ainda naquela parte dos garotos. Tive uma experiência parecida: você com a sua peruca e eu com as minhas manchas de radioterapia... expliquei que eram o mapa para as minhas zonas erógenas... Nós solteiras podemos inventar cada coisa, há-há-há...
> A propósito, nunca cheguei a usar peruca. Uma vez até comprei uma, mas não achei que fiquei bem; então saí pela vida careca e de boné. Quanto às pessoas que ficam olhando e têm reações estranhas... às vezes digo simplesmente: "É assim que fica uma pessoa com câncer...."
> Também moro em Amsterdã, também ia ao Chá Dançante no último sábado... mas o tempo não estava bom e pensei: se continuar chovendo assim, ficará tudo alagado.
> Pode ser que você esteja pensando agora: "opa, quero conhecê-la". E, naturalmente, pode ser que seja a última coisa que você quer (mais uma...). Não é assim, viu? Não sou mais uma. Estou na mesma situação de vida que você...
> É capaz que você receba uma montanha de e-mails, daí te desculpo... Aliás, tive quimio hoje, quando será a sua próxima?
> Até uma próxima mensagem, quem sabe!
> Beijos,
> Chantal

Sexta, 9 de dezembro de 2005

Deito para trás numa das espaçosas poltronas de avião do ambulatório da OLVG. É sexta-feira à tarde e chegou minha vez de novo. Durante o almoço no Matthijs van Nieuwkerk não me passavam pela cabeça os soros, medos e médicos. Mas agora estou com uma dor de cabeça de rachar. Estou ouvindo um barulho de helicóptero. Minha avó não ouve nada, vejo pela sua expressão. Mas ela é matreira e me apoia quando reclamo do barulho da hélice.

As enfermeiras me olham com cara de interrogação: um helicóptero em cima do Oosterpark? Um helicóptero de resgate não é tão estranho para um hospital, mas a OLVG ainda não está familiarizada com isso. Mal acabaram de me cumprimentar como "movie star" e "escritora famosa" e agora as enfermeiras já se perguntam se um parafuso não saiu do lugar na minha cabeça.

– Um helicóptero? – pergunta a Moniek, mais uma vez.

A esta altura o líquido amarelo já entrou no meu corpo, a bolsa da quimio balança monotonamente pendurada no suporte.

– É, um helicóptero – respondo.

Fecho os olhos e me reclino. A agulha do soro entra no meu *seio* artificial. De repente, tudo fica escuro, como se só agora meu corpo entendesse o que está acontecendo. A hélice do helicóptero gira a toda velocidade na minha cabeça. E lá estão as tantas histórias de todos aqueles que não conseguiram. Meu medo está de volta.

Mas na terça-feira, eu estava exultante com os holofotes sob minha vitória. Exultante com o tête-à-tête com o Cees. Exultante com a camisa vermelha do Matthijs. Ai, aqueles pelos do peito. Bem que eu estava precisando disso. Entre a Bridget e o Cees Geel. Agir conforme as expectativas, sem reclamar disso. Comigo essas coisas são assim.

Vê-se portanto que há várias possibilidades e oportunidades de carreira para pacientes com câncer. Talvez até mais do que para cientistas políticas ou donas de casa bem sucedidas. Existem histórias boas e histórias más. Mas esta é a minha história. Uma história boa. Porque eu sou a escritora.

O que porei no meu cartão de visitas? SOPHIE VAN DER STAP, EX-PACIENTE DE CÂNCER. {LIVE STRONG}

> Data: 12/10/05 12:32:58
> De: Sophie van der Stap
> Para: Chantal
> Assunto: Re: Oi, Sophie
>
> Oi Chantal,
> Felizmente a quimio me causa cada vez menos mal-estar. Mesmo assim, ontem parecia que um helicóptero estava pousando na minha cabeça. A próxima é no dia 30. Era sempre na segunda-feira, depois na terça e agora já faz um tempo que é na sexta. Ontem à noite escrevi bastante e fiz correções no meu livro. Agora vai para a editora... Na próxima semana estarei na Espanha com um grande amigo para passar uns dias em Barcelona. Parece que todo mundo conhece aquela cidade como a palma da mão, menos nós. Como estamos os dois escrevendo, vem a calhar.
> Na semana do dia 19 estou de volta. Depois preciso acelerar lá com a editora. Nessa semana combinei com uma pessoa que me mandou um e-mail parecido com o seu. Da mesma idade, também doente. Acho que o dele era no cérebro. Nada para ser celebrado... Vamos combinar um dia antes da nossa quimio? Em que parte da cidade você mora?
> Beijos,
> Sophie
> PS: esse cabelo curtinho lhe cai muito bem.

Terça, 13 de dezembro de 2005

A minha necessidade de fugir de toda essa correria dá ao Jan uma ótima desculpa para trocar o inverno pela primavera. E como costumo concordar com ele e, às vezes, ele comigo, vamos passar uns dias em Barcelona, deixando para trás todo o vinho tinto e a atenção da mídia que tenho recebido. Damo-nos muito bem e mesmo quando não o fazemos, pouco importa porque podemos falar tudo um para o outro.

– Jan, você precisa ter um mínimo de orgulho próprio e não ficar feito um cachorro pulguento esperando plantado.

– Mas que vadiazinha... Dá para calar a boca e parar de reclamar?

Correção: o *Jan* pode falar tudo para mim.

Estamos os dois no portão de embarque. Primeiro vamos todos fazer o pré-embarque. "Pré-embarque"? Tento imaginar mais precisamente o possível significado da expressão: Em vez de esperar sentados nas cadeiras que foram postas ali para esse fim, ficar em pé espremidos uns contra os outros? Estudar mais a fundo os números dos assentos? Preparação mental para a cultura espanhola? Lixar as unhas? Ter o passaporte já preparado na mão? O que é que as pessoas fazem antes de embarcar? Esperam.

Não fazem esse pré-embarque assim sem mais nem menos. Só em um caso excepcional chamado "atraso". Felizmente, nesta companhia aérea, isso só acontece nos voos de ida e nos de volta. Em pé, plantada no meio dos outros passageiros em processo de pré-embarque, começo a me perguntar por que é preciso passar por tudo isso? O que há de tão legal nisso? Fazer as malas, desfazer, fazer de novo – agora com a minha peruca loira e os sapatos pretos de salto alto –, balcões de *check-in*, filas, embarque e agora pré-embarque ainda por cima. Mais balcões de *check-in*, desfazer as malas sem ter a menor ideia do que te vão servir para comer amanhã no café. Houve um tempo em que achava todo esse périplo o máximo. Mas não mais. Já não acho graça em bichos e legumes esquisitos no prato, nem em acordar numa cama estranha.

Quarta, 14 de dezembro de 2005

– Jan, quem fica melhor de roxo, a Bebé ou a Uma?

Nós dois gostamos de fazer combinações de cores.

– Depende. Você quer voltar para casa com um toureiro ou com um cartola de futebol de terno risca de giz?

– Um gravatinha com gingado. Agora olha direito!

Por volta das dez, eu e o Jan, já totalmente adequados ao ritmo espanhol, estamos saindo em busca de um copo de vinho e talvez algo para comer. Tiro os cabelos ruivo-escuros da Uma e troco pelos cachos longos e loiros da Bebé.

– Loira como uma russa e roxo cintilante? Não sei não... Cartola de futebol? – diz o Jan para me amolar.

– Mas chique, ainda assim – digo para mim mesma, alisando minha blusa nova de seda.

Rubelina Perigova Mongolia é o meu novo nome. O Jan me rebatiza com prazer, contanto que seja um nome condizente. Um pouco anedótico, mas russo que é o que mais importa. Bobes, conversa fiada, plumas, paetês e brilho, pois é disso que eu gosto. Mas isso tudo me dá um certo trabalho. Algumas combinações simplesmente não dão certo por mais que eu tente. Por exemplo, eu nunca me atreveria a combinar os cabelos loiros quase brancos da Platina com uma estampa muito viva. Viraria uma "retrochick" e isso é o que não sou mesmo. Combinar os cabelos loiros da Bebé com as alcinhas cor-de-rosa do meu vestido curtinho também poderia levar a mal-entendidos.

Dou mais valor às qualidades das minhas personagens. Como Pam, há muitas possibilidades, mas como nove diferentes mulheres, as possibilidades se multiplicam. É por isso que na minha lista de compras já está uma linda blusa verde de seda para a Uma e Sue. Só para dar uma levantada a mais no cabelo ruivo-escuro. Uma blusa rosa florida para fazer a Daisy ficar ainda mais Daisy e uma blusa violeta cintilante para fazer os gostos da Bebé. Cada uma delas tem os seus próprios desejos e preferências.

Sempre que saio, uso cabelo comprido e abundante porque já é meio caminho andado. Por isso a Bebé, a Uma e a Pam foram as que estiveram em mais discotecas, restaurantes e outros eventos noturnos. Hoje à noite vamos repetir a dose: vinho tinto no passeio da Barceloneta. Só a Uma e a Bebé vieram na mala para a cidade espanhola, minha escolha está, portanto, restrita a loira ou ruiva, o que equivale dizer, violeta ou verde.

– Está *over* demais?

– *Over* para um toureiro ou para um cartola? Não creio.

– Então é com esta mesma que eu vou.

No café, o Jan conta coisas do passado. Do tempo dos seus milhões e da sua primeira máquina de lavar que ele comprou do roqueiro e pintor holandês Herman Brood.

– É, querida, se você continuar flertando na TV como na semana passada...

– O que vai acontecer?

– Nada, nada, não vou dizer nada. Veremos.

Quinta, 15 de dezembro de 2005

Estou sentada na primeira fila. Totalmente só, com dezenas de bancos vazios atrás de mim. O Jan está lá fora, tomando um pouco de sol no rosto. Me sinto cansada, cansada mesmo, e com os pensamentos confusos. De repente, me descubro farta de tudo e passo a valorizar a sensação de plenitude momentânea: a paz e o vazio da igreja me fazem bem. Longe do mundo exterior, do cotidiano espanhol, mas também distante da minha vida, onde tudo parece caminhar em disparada. Estou segura atrás dos muros hospitaleiros da casa do meu amigo.

Olho para as velas logo ali e penso para quem eu gostaria de acender uma. A primeira, eu acendo para a Anneke, a segunda para a mamãe e a terceira é segredo. E por aí paro, senão isto não tem fim, considerando o número de anjos que vivem perto de mim. Amanhã é um novo dia, um novo momento. Duas velhinhas espanholas muito enrugadas aparecem do nada e passam por mim. Elas interrompem o passo lento e, como eu, param em silêncio em frente ao altar iluminado pelas luzinhas das velas. Trocamos um olhar terno. Uma delas ri para mim com no máximo três dentes, enquanto a outra aplicadamente enfia moedas na fenda da enorme caixa de esmolas sob o altar. Elas têm o seu momento e eu tenho o meu. Depois, vejo-as desaparecer pelas mesmas portas hospitaleiras pelas quais entraram.

Sento-me de novo na primeira fila. As velhinhas já se foram e estou sozinha. Recosto-me e olho bem dentro dos olhos familiares do meu amigo. Dois olhos que me olham do alto, todo o tempo e em todo o lugar. De repente, esse me parece um belo pensamento. Em todo tempo e em todo lugar. Meu amigo fiel. Paz. Para ele e para mim, na proteção das paredes da sua casa. Decido acender uma quarta vela, para ele. Talvez devesse fazer disso um hábito.

De novo, dois velhinhos aparecem próximos a mim. Desta vez, um casal, apoiando-se um no outro como podem. Eles também me olham e fazem um cumprimento com a cabeça. Na igreja, meus cabelos longos e loiros talvez sejam associados antes aos de um anjo do que os de uma dondoca. Mas se estiver nas ramblas, a história é outra. Retribuo o cumprimento e sigo seus passos por mais uns segundos com os olhos, até que tudo fica em silêncio de novo. Do meu ponto de vista, os planos para hoje foram cumpridos. Levanto-me e ando em direção à saída, deixando as velas para trás. Deixando para trás o acolhimento do meu amigo. Deixando para trás a primeira fila. Ainda olho mais uma vez para dentro da igreja, um espaço repleto de pensamentos e orações, e desapareço pelas grandes portas imponentes.

Sexta, 16 de dezembro de 2005

Vou até o cantinho da direita e escolho as duas maiores velas que consigo encontrar. Depois, procuro um lugar vazio na esperança de que ele tenha mais valor do que outro com tantos pedidos. Encontro. Coloco minhas velas abaixo de dois santos que não sei quem são, mas eles têm uma aparência muito piedosa e bondosa. Duas velas: uma para Chantal, a outra para Aniek. Acendo as velas e me surpreendo com o comprimento dos longos cabos dos lustres que fazem o espaço vazio parecer maior ainda. Nunca acendi uma vela de igreja sem acompanhar os três dias seguintes, em que ela se vai consumindo até acabar. Há algo de especial nesta igreja. Centenas de luzinhas, por todo o lado e a perder de vista, que se estendem para dentro do espaço vazio. Um carnaval de velas vermelhas com pavios cintilantes. A cúpula é incrivelmente alta, o soalho gasto e cinzento e os bancos vazios. Não há muita ostentação, mas é uma belíssima igreja.

Sábado, 17 de dezembro de 2005

Hoje as velas acabaram de queimar.

Quarta, 21 de dezembro de 2005

Estou de volta a Amsterdã e marquei com a Chantal no Chocolate Bar, que fica colado ao café que ela costuma frequentar, o Pilsvogel. Que coisa mais louca, ler depois no livro do Ray Kluun que o Pilsvogel também teve um papel importante na vida dele. Ainda não há tanto movimento, sentamos numa das três mesas arrumadas com copos, cinzeiros e velas acesas.

Descontraída, Chantal acende o seu segundo cigarro. Ela ri alegre e toma mais um gole do vinho branco. Tenho diante de mim uma mulher vitoriosa. Uma mulher que sabe aproveitar a vida. Uma mulher rara, difícil de encontrar. Uma mulher que ousou e enfrentou os seus maiores medos de frente. E como é alegre. E como é bonita.

Estar ali com ela significou rir várias vezes, engolir a seco em outras e ouvi-la com toda a atenção. Se não encontrei um modo de não produzir lágrimas, encontrei um para esconde-las depois; lágrimas secretas. Em todos esses momentos tive calafrios só com o pensamento de ter uma cadeira vazia à minha frente. Doente incurável. Gozar a vida. Doente incurável. Contar piada. Doente incurável. Paquerar. Doente incurável. Comprar sapatos. É isso mesmo, isso foi a primeira coisa que ela fez, sem saber sequer se ainda andaria o suficiente para gastar as suas solas novas. Arrepio. Quero cobri-la de abraços. Não por pena, mas para capturar toda aquela força e adotá-la para mim mesma.

De repente, tenho vontade de xingar. Protestar contra o meu câncer, contra o câncer dela. Ofender os idiotas que fogem com medo da doença dela, insultando a ela no fundo. Xingar aqueles palermas que me abandonam em troca de um corpo jovem, livre de tumores, veias inchadas da quimioterapia e de perucas. Em troca de um pulso sem pulseira amarela.

– Isso não funciona, viu? – brinca ela, mostrando a que está no seu pulso.

Ela diz que tem medo é do passado. Que os seus amigos falem dela no tempo passado. Que esses fiquem velhos e grisalhos sem ela. Sem tempo não existimos, mas com o tempo também prefiro não viver. Assim, o melhor é pensar no hoje e viver o mínimo possível do amanhã.

Uma amiga dela se junta a nós, puxa uma cadeira e já vai me perguntando se a minha doença também é incurável. O Chocolate Bar já está cheio.

Um tanto sem graça, respondo que não com a cabeça.

A minha vencedora brinca que não pretende bater as botas tão cedo. De novo, meus cabelos longos e loiros se arrepiam. Sorrio, ao mesmo tempo, dissimulada e sinceramente penso como faria para colorir um pouco os seus domingos depressivos. E como ela poderia tornar os meus dias piores, menos ruins. Talvez pudéssemos lastimar juntas. Ou nos divertir, contar piadas, paquerar, comprar sapatos e perguntar em seguida quantas vezes ainda poderemos levá-los ao sapateiro. Uma em companhia da outra, evitando de bater as botas tão cedo. Os cientistas lhe deram mais dois anos. Já ela mesma se dá muito mais e eu também. Mas não vou alcançar os quarenta, diz ela.

Já tivemos que abrir mão de muito, mas ainda temos muito também. Temos cada segundo, minuto e hora do dia para nós mesmas. Cada dia da semana. Vivemos para nós e para os que mais amamos.

Chegará o dia em que eu também terei a minha sentença de morte diante de mim. Não agora, não amanhã e, se depender de mim, não antes de eu ser uma bisavó bem enrugada. Nessa altura, pensarei no vazio que senti neste ano. O vazio de quando meus sonhos me foram subtraídos. Uma vez me ocorreu que me candidataria de bom grado à certeza de uns aninhos a mais. Nesses anos, meu cabelo voltaria ao comprimento que tinha antes, quando tudo ainda era tão diferente. Olho para a Chantal e volto a pensar naquele vazio. Aceito minha nova amiga e a abraço tão apertado quanto posso. Saio do bar resmungando e arrepiada, mas também não posso evitar um sorriso. Agora entendo bem por que preciso tanto escrever o meu romance hospitalar.

Terça, 27 de dezembro de 2005

Entro na banheira quente, sem velas e nem namorado. Começo a folhear a revista *Elle* e vejo o horóscopo para este ano. Normalmente, sou razoável e passo reto, mas desta vez – contra o bom senso – não. As estrelas resumidas numas setecentas palavras e divididas em: análise do caráter, conversa fiada sobre a vida profissional e previsões para o amor. E agora estou aqui encucada na minha banheira cheia de espuma.

Quanto à minha vida, terei um revés em setembro. Que bela perspectiva, considerando que quero lançar o meu livro justo nesse mês. Mas pode ser que seja adiado... ou seria melhor adiantar? No amor, também terei desafios a enfrentar e isso mal tendo superado o final do último. No ano que vem, encontrarei dois príncipes, sendo que o primeiro me trará uma desilusão antes mesmo do verão, revelando-se na verdade o príncipe de outrem. Trata-se portanto de apostar as fichas no número dois que cruzará o meu caminho no outono. Esse não pode escapar, porque é "para casar". É o que diz a revista feminina sobre o meu signo. Posso confiar nas estrelas cegamente? Devo então deixar o Jur em paz?

Sexta, 30 de dezembro de 2005

A Chantal está sentada ao meu lado, com uma xícara de chá e um biscoito champanhe. Ela entrou dez minutos depois do início do procedimento e agora, passadas uma hora e meia, ainda está aqui. Descobrimos uma grande sintonia, seja com uma taça de vinho na mão ou com um soro espetado na veia. Para nós, não faz diferença. Pelo menos *rir*, nós rimos à beça. A Chantal, como eu, prefere fazer sozinha tudo o que se refere ao hospital, sem família e nem emotividade.

Na próxima semana, a Chantal vai passar por uma tomografia. Fico sabendo porque íamos combinar uma tarde para fazer pão na casa dela, que fica no bairro De Pijp.

– Quem mais vai com você? – pergunto.

– Você? – diz alegre.

– Legal!

É, as duas temos câncer e isso é uma merda, mas a vida não para por causa disso. Nem mesmo para a Chantal, que seis meses atrás ouviu do médico que o tratamento não fazia mais do que adiar uma situação. Isso ela ouviu no dia 9 de junho, quando eu estava de molho na C6, com um curativo acima do seio.

Pergunto se ela já pensou sobre como será o enterro.

– Cremação.

Apodrecer debaixo da terra não lhe apetece, portanto. Não, nem a mim.

– Ahn.

– E você?

– Enterro. Acho conveniente para os que ficam. Também gosto da ideia de ser cremada e ter as cinzas espalhadas, mas não saberia decidir onde. Também não posso dizer que me sinta em casa no cemitério de Zorgvliet. Você já escolheu alguma coisa?

– Caixão? Não, ainda não. Você pode providenciar? Daí eu providencio o seu, se calhar.

Não conseguimos segurar o riso de pensar que eu organizaria essa grande ocasião para ela e vice versa.

Queremos ambas a mesma coisa. Ela, o DJ Tiësto, eu, os Rolling Stones.

– O importante é que seja uma festa – diz ela.

Folheando a *Elle* atrás de novas inspirações, eu e Chantal conversamos com a mesma naturalidade, seja sobre o nosso caixão, seja sobre as últimas botas que ela comprou. Em especial, sobre homens nos abrimos totalmente uma com a outra. Nós duas sabemos bem como é querer voltar para casa descompromissadamente acompanhada no fim de um dia de soro ou depois de três dias vomitando na cama.

– São pessoas "que sofrem de câncer" – é como a Chantal se refere a esse tipo de gente. E ela tem autoridade para falar assim, pois ela continua indo a festas e acordando com ressaca no dia seguinte como se nem fosse com ela. "Essas ressacas têm piorado agora", costuma dizer.

Eu, por outro lado, vivo a minha vida de forma muito mais consciente em torno do câncer. E nessa vida não se incluem ressacas frequentes. Antes meditação, terapia e tudo mais que possa ajudar. Na verdade, mais por um sentimento de dever do que querer. Se fosse possível escolher, o meu prognóstico seria preferível ao dela. É por isso que agora a Chantal quer estar em tudo quanto é festa.

– Que descanse em paz... – diz ela, já se retirando para ir fazer compras para hoje à noite.

– E bom enterro... – grito quando ela já está saindo.

De repente, sou tomada por um pensamento muito egocêntrico. A Chantal me dá a mesma sensação de segurança que o Oscar e o Marco, dentro da minha imaginação, de como seria a morte: nada muito além do negro, com uma pitada a mais ou a menos de energia aqui e acolá. Seria estranho se eu partisse antes dela, por mais saudável e cheia de energia que ela pareça ser. Contar com uma amiga que possa mesmo te entender é algo confortante. Uma amiga que espera e está ao lado, não importa o quanto demore e nem o quanto solitário seja.

Droga, será que ela está muito solitária?

Domingo, 1º de janeiro de 2006

Começou um novo ano. Como não pode deixar de ser, olho para mim mesma e para as pessoas à minha volta tentando achar o que está diferente. Não é necessariamente o meu caso, mas multidões à minha volta avaliam o ano de 2005 como PÉSSIMO e 2006 como FANTÁSTICO. E isso ainda com um olhar de entendido no assunto.

Eu não ouso dizer em voz alta: "Que bosta de dia".

Tudo está deserto. E nem iogurte me sobrou.

Mas será que esse ano vai ser diferente? Meu prognóstico, é claro, é mais do que FANTÁSTICO. Minha irmã que está em Hong-Kong com o seu expatriado: PÉSSIMO. A Chantal na minha vida, isso é FANTÁSTICO. Mas o prognóstico dela: PÉSSIMO. As perspectivas para o meu livro, descontando as previsões do horóscopo da *Elle*: FANTÁSTICO. O Jur? Por ora, ainda PÉSSIMO.

Data: Seg, 2 Jan 2006 23:16
De: Chantal
Para: Sophie
Assunto: Re: De arrepiar xx

Mas que talento... Você soube me dar ouvidos... Engraçado pensar que você está falando de mim... mas de maneira divertida...
Estou orgulhosa de você! Minha nova amiga é uma escritora...
Beijos e durma bem. Até breve!
www.kluun.nl

Quinta, 5 de janeiro de 2006

O Doutor N. pendura as chapas da minha última tomo e as contempla radiante. Reconheço até algum orgulho no seu olhar. Os meus pulmões estão livres de tumores. As minhas últimas novidades já chegaram a ele pelo Mathijs, o apresentador do "De wereld draait door" da TV, como ele me relata sorridente. Às vezes, há atrasos na correspondência entre Amsterdã e Roterdã. E o OLVG ainda não dispõe de tecnologia digital.

Ele ausculta meus pulmões com muito cuidado. Este homem tem mesmo paixão pelo seu trabalho. E pelos meus pulmões. Suspiro, assopro e ele conclui que meu pulmão se recuperou a contento.

– Mas isto é fantástico!!! – diz ele, no seu papel de Professor Girassol.

Também quanto ao meu prognóstico ele ousa se pronunciar de forma positiva (com o Doutor L., a coisa seria diferente), compartilhando as suas esperanças de que minha família de tumores se tenha extinto por completo. Incluindo Huguinho, Zezinho e até Luisinho: todos exterminados enfim. Embora nunca se possa ter certeza completa, é claro. Mas até aí, tudo bem.

Agora preciso diminuir a dose. De 10 mg para 5 mg de prednisona. Logo fui procurar o fisioterapeuta local a fim de desenvolver os músculos e melhorar a condição física. Já fui a três sessões de ginástica e tenho só mais duas quimios pela frente. Basta uma tomo que ficarei liberada até o verão, o que significa seis meses sem o Doutor K. E, por conseguinte, sem o Doutor L. e as minhas enfermeiras também. Com o que a gente não se acostuma... até com a quimio. Com o meu amor, evidentemente também. E quando saí da minha seção, também. De uma hora para outra parece-me uma ideia muito reconfortante continuar me tratando por mais uns anos. Assim não ficaria com medo do crescimento agressivo de tumores estranhos que não deveriam aparecer no meu corpo.

Quinta, 12 de janeiro de 2006

De tão entusiasmada, acabo esquecendo de levar as imagens da minha última tomografia para a consulta com o Doutor K.

O meu coração deseja ardentemente. Basta haver uma chance e ele aquece todo o interior do meu tórax, até o abdome. As artérias se inflam com o cálido líquido da vida que é impulsionado agilmente pelo meu corpo, deixando uma trilha rosada nas minhas faces habitualmente pálidas. Formigamento na ponta dos dedos. As coxas fraquejam. Nada de respirar com cuidado, mas sim inalar com volúpia o ar fresco.

O Doutor K. me examina com atenção. Demoradamente. Desta vez, ele não se contenta com a mão estendida e me puxa contra si. E me dá dois beijos nas bochechas.

Será que estou imaginando coisas ou se trata de um bom e velho xaveco? Na minha cabeça, relembro rapidamente os cumprimentos que ele me dirigiu nos últimos quinze minutos – e que incluem olhares penetrantes e sorrisos tensos – antes de confrontá-lo com a importância do papel que ele mesmo desempenhou no livro.

Novamente estou sentada na sala dele. No ambulatório dele, sob a sua guarda. Já se passaram alguns meses desde a última vez em que estivemos sozinhos numa sala. Se bem que não nos faltaram desculpas para trocar e-mails, as quais aproveitei extensivamente. O conteúdo dos nossos e-mails, de certa forma, derivou de questões médicas prementes para assuntos privados. Embora até o mês passado não tivéssemos ido além de discutir pneumonites e endoscopias, hoje ele aborda o assim chamado "furor midiático" em torno do meu romance hospitalar. E, tendo começado cautelosamente com "Prezado Doutor K." e "Saudações, Sophie". Hoje já digito sem qualquer constrangimento: "Querido K." e "Beijos, Sophie".

O telefone toca. Uma gargalhada inesperada, a que não posso reagir senão com um sorriso. Bem à vontade, ele retoma a conversa sobre o pulmão, a fibrose e sobre o livro. E, mais uma vez, aquele olhar. Contato visual de vários segundos, na medida exata para me deixar em brasa. Será que naqueles poucos segundos não lhe teriam vindo à mente seus casos extra-conjugais? Em *flashes* rápidos me beijar apaixonadamente sobre a maca? Ou será que tudo isso não passa de delírio fantasioso de minha parte?

Saio da sala com um sorriso estampado no rosto. Meu telefone reclama atenção, meu ex-amor me acha uma "mulher fantástica" e gosta muitíssimo de mim e espera continuar sentindo o mesmo ainda por muito tempo. Espera? Será que ele espera também quando está na cama por cima dela? Desorientação – de minha parte.

Meu telefone apita de novo. É o Jur perguntando se está tudo bem comigo. Desorientação – de novo de minha parte. Sonho com um garoto que não fique só sonhando comigo e que de uma vez por todas me faça esquecer de um médico com sapato de furinhos. Sophie, o que é que você quer afinal?

Sexta, 13 de janeiro de 2006

Andando pela rua, cantarolo sobre a voz áspera de James Blunt no meu ouvido. Ao meu lado, um garoto caminha com um skate numa mão e uma sacola esquisita na outra. De dentro dela aparece uma coisa laranja. Não dá para ver direito mas parece uma abóbora enorme. Ele me pergunta as horas.

Cinco minutos mais tarde estamos conversando sobre festas e sobre o Club 11. Ele trabalha lá e é onde eu tenho que ir amanhã com um bloquinho de notas na mão.

No dia seguinte estou no edifício TPG, num elevador que me leva ao último andar. Desde que fiz radioterapia no pulmão direito, prefiro o elevador à escada, sobretudo quando se trata de onze andares. O mesmo garoto de ontem está ao meu lado, mas ele não me reconhece porque ontem eu era a Pam e hoje sou a Uma. Afinal a Uma se adequa melhor à festa de hoje à noite. Olho para ele bem dentro dos olhos, mas não adianta. Ocasião perfeita para observá--lo sem pressa. Mas decido deixar por isso mesmo.

Chegando ao último andar, saio em busca de fotos bonitas, pois estou aqui a trabalho e tenho meia página da revista *NL20* para preencher. Normalmente a busca por fotos é árdua e me dou por contente se encontro um caipira usando brincos ou, se tenho sorte, com uma jaqueta de couro para completar. Mas hoje, quase que as fotos não cabem no meu cartão de memória.

– Esses cílios são o máximo, eu tenho iguaizinhos.

A voz vem de uma transsexual loira que encontro ao meu lado.

– Obrigada.

Ganho um beijo de uma grossa camada de base com um garoto por baixo. No crachá, lê-se: "oferecida". Avisto duas senhoras lésbicas cobertas de *piercings* e produzidas com maquiagem preta e lábios vermelhos. Vou saltitante atrás delas.

De repente, vejo o Gravatinha dançando com seus tênis All-star. Dou umas batidinha nas costas dele.

– Gravatinha!

Ele se vira e me reconhece na hora: depois da publicação no *NRC*, ele já está sabendo de todas as minhas perucas. Ele me agarra pela cintura e me dá um beijo demorado na bochecha.

– Com quem tenho a honra?

– Uma.

– Uma... Ficou bem em você. Algo para beber?

No bar ele pede uma vodca e uma água mineral sem gás.

– Posso tocar? – diz ele apontando para o meu cabelo.

– Claro, vai em frente.

– Bem *fake* mesmo. Você tem vontade de sair de novo comigo?

Faço que sim com a cabeça.

Depois de fotografar um monte de gente bonita, guardo a câmera e vou atrás de alguém da organização da festa.

Pouco depois estou entrando na sala da gerência no fundo do salão. Falo com um belo rapaz acompanhado de três garotas festivas e um cigarro com a cinza maior do que a parte branca. A conversa é bem rápida: ele está mais interessado na vodca e na companhia feminina e eu estou a fim de encontrar o meu bom amigo Allard lá no palco (o que me arrastou onze andares escada acima). Ele me dá um beijaço – está todo mundo alegre esta noite. Descemos correndo os onze andares porque o elevador quebrou. O Allard me cobre de cuidados. Ele me acha bonita e animada mas não se atreve a me paquerar por medo de fazer o chão sob meus pés ficar ainda mais frágil.

Acho isso muito simpático, mas ao mesmo tempo muito desagradável. É como se por ter tido câncer não tivesse mais necessidade de paquerar os garotos que encontro. Vimo-nos pela primeira vez num café com mesinhas na calçada. Com um braço em torno do joelho e outro no colo, observo o garoto loiro desconhecido que se senta perto de mim: bonito, isso não dá para discutir. Ainda tem bastante cabelo também. E da idade certa, trinta e cinco, como depois fiquei sabendo.

– Esse cabelo superloiro é seu mesmo? – perguntou ele.
Sorrio.
– Não, meu senhor, esse cabelo superloiro é de pôr e tirar.
– Ahn. Existe algum motivo para você não querer falar a respeito?
– Há – digo.
– Ah. É por esse motivo que você está tomando chá de hortelã?
– É.
– Você achou chato eu vir me sentar ao seu lado de repente com todas essas perguntas invasivas?
– Não, acho até agradável.
– Ainda bem. Mais uma xícara de chá?

Dezoito xícaras de chá depois, às duas horas da madrugada, e estamos descendo as escadas do Club 11 correndo.

– Allard?
– Sim?

– Sabe aquela noite nas mesinhas do Finch, quando nos vimos pela primeira vez? Você estava bêbado?

– Bêbado? Não, no máximo meio grogue, por quê?

– E que você disse que me achava bonita?

– Sei.

– Você ainda acha ou foi por causa da peruca loira?

Ele ri.

– No que se refere ao cabelo, você só melhorou.

– E a beleza não anda sempre de mãos dadas com a atração?

– É o que eu acho. Mas aonde você quer chegar?

– Então, por que é que eu só te vi duas vezes desde aquele dia?

– Talvez porque aquele seu amigo está toda hora ao seu lado.

Ele está-se referindo ao Rob.

– É só por isso?

– Talvez.

– E seu eu te dissesse que estou solteira?

– O que tem?

– Você me convidaria para almoçar e jantar como você faz com suas outras amigas?

– E você aceitaria?

– Claro, hipoteticamente falando.

– Diria que é provável.

– Ou será que tem a ver com o fato de que eu tenho uma doença letal? E que ninguém fica plantado esperando uma garota com câncer?

– Sophie...

– Resposta direta.

– Tá bom, tá bom... Não estaria sendo completamente honesto se dissesse que não me assustou um pouco. Mas isso não tem nada a ver com eu ter te convidado para sair ou não. É só que eu tenho muito cuidado com você. Acho que me faltou a ousadia.

– Estou solteira.
– Ahn.
– E agora? Ainda é por causa do susto?
– O que que você quer afinal?
– Um beijo.
O Allard me dá um beijo.
– Gostou?
– Gostei.

Já em casa, o telefone apita. É o garoto de ontem perguntando por que não apareci. Que ele sentiu minha falta.

Vou olhando as fotos na tela do meu laptop. Gravatas de bolinha, vestidos listrados e calcinhas de oncinha. O Allard, uma grossa camada de base e duas lésbicas. Mas também o garoto de ontem ao lado da Uma e a visão fantástica do clube como pano de fundo.

Data: 19/01/06 16:50:34
De: Sophie van der Stap
Para: chantal
Assunto: querida amiga

Oi amiga,
como está? Tudo nos conformes desde terça? Estou com vontade de bater um papo, mas, por outro lado, cansada demais. Já não aguento todos esses compromissos por causa do livro. Fiquei ontem e hoje, mas agora já acertei tudo com o fotógrafo para fazemos as primeiras fotos na próxima semana.
Pedi para a Backstage (perucas) patrocinar a maquiagem. Assim tenho algo para oferecer ao visagista, que aliás vou escolher amanhã. Sabe o que é um visagista? E depois: quimio.
Neste fim de semana ainda cobrirei uma festa, a última. Pena que este trabalho vai acabar, mas de qualquer forma está sendo cansativo demais. E vai ser ótimo ficar com o tempo todo para o livro. Agora tenho que achar um programa para o domingo que vem. O que será que vai ter no Odeon? Queria alguma coisa perto de casa, melhor ainda se fosse só com amigos mais próximos.
Beijões estalados. Quando te vejo de novo?

Data: Sex, 20 Jan 2006 11:43:44 +0100
De: "Chan"
Para: "Sophie van der Stap"
Assunto: Re: querida amiga

amiguinha amiguinha... como você está assoberbada! Pelo que diz, você deve estar um trapo a esta altura. Na terça correu tudo bem de novo, meu nível de plaquetas está baixo, então tenho que ficar atenta. Também sinto-me cansada nas últimas semanas, estou dormindo mais de 12 horas por noite. Deve ser por causa das tais plaquetas.
A Backstage concordou com o patrocínio? Estou supercuriosa.
Acho que vou dar uma passada na sua casa, o que torna este e-mail um tanto inútil... Se não conseguir, podemos marcar alguma coisa em breve.
Beijos,
Chan

Sexta, 20 de janeiro de 2006

– Então, – diz a Hanneke, picando a minha mama metálica acho que pela última vez – quem é o Doutor K. na verdade?

Sorrindo, revelo-lhe meu grande amor do ano passado:

– É o Doutor K****, claro.

– Ahn, era o que eu pensava. – diz a Hanneke – Sabia que quando você foi ao programa "O mundo continua a girar", você conheceu dois dos meus maiores ídolos? Como é o Cees Geel em pessoa? Eu o acho um gato e tão sincero... e o Matthijs também é um cara muito legal e bonitão...

Fico com dó da enfermeira. Parece que eu invadi a fantasia dela. Mas esses são pequenos lances de sorte que acabam vindo de brinde junto com o azar.

– Você vai ao lançamento do meu livro? Quem sabe não acaba tomando um vinhozinho com o Cees Geel.

Mas não era só isso:

— Ontem você estava se dando bem com o David no ambulatório, hein?

Ora, não posso negar que de fato não me saí tão mal com o médico plantonista. Ele estava especialmente entusiasmado regulando a bomba do meu amigo altão, enquanto eu ficava sentadinha com os peitos empinados para não impedir a circulação. Com a desculpa de que "se eu mandar uma mensagem daqui a pouco para o seu telefone, você tem que voltar imediatamente para uma nova regulagem", ele se apoderou do número de meu celular; aliás, um empreendimento não tão árduo assim. Também foi buscar um iogurte na geladeira e serviu xícaras de chá. Privilégios da loirinha, a Pam.

Não, as minhas manhãs, tardes e noites no OLVG não são tão horríveis como podem pensar os que estão de fora. Mas que não parem de mandar flores e bolo! Sempre me dá um motivo para ir falar com o Doutor K., com os meus cachos loiros que já estão meio emplastados de tanto transpirar, mas que eu mesmo assim jogo como quem não quer nada toda vez que entro na sala dele: "Vai um bolinho?"

Sexta, 27 de janeiro de 2006

O necrotério fica no mesmo andar do estacionamento. Não dá para contornar quando se está indo para o térreo do hospital, Antoni van Leeuwenhoek Ziekenhuis (AVL), o hospital especializado em câncer. Hoje vim pela primeira vez acompanhada da Chantal.

— De arrepiar, não? Pensar que logo posso estar entre eles.

É, de arrepiar mesmo. Com esse pensamento adentramos o átrio em direção à seção de radiologia. Hoje estou bem ranzinza. Imagine só como a Chantal não deveria estar.

Mas ela não parece preocupada. Como se estivesse resignada à sua medonha sentença de morte. Como eu ainda não recebi essa sentença, fico uma pilha de nervos toda vez que vai chegando a hora da novela começar. E talvez até com mais medo do que a própria Chantal, cujo destino está selado.

Mas não somos avestruzes e não nos escondemos com a cabeça enterrada na areia. Ao mesmo tempo que fomos subtraídas de qualquer segurança, nos foi impingida a maior das certezas. Karel Glastra van Loon chamou essa percepção de "segunda vida". Li na sua coletânea *Otimista incurável* que, como paciente de câncer, ele passou a se sentir mais feliz, melhor e mais completo. Vejo isso em mim mesma e na Chantal, mas ainda assim temos medo. Medo de morrermos em breve, totalmente sós.

– Inspire, segure a respiração e expire devagar – graceja ela, ao fechar a porta da sala de exames atrás de si e me encontrar absorta com uma revista de oito meses atrás. "A Princesa Máxima Está Grávida", leio. Enfim, companhia para a Princesinha Amália. O que será que vai ser? Menino ou menina?

Em casa, troco de cabelo e mais uma vez olho dentro dos meus olhos. Sem que eu percebesse, meus cílios cresceram um pouco nos últimos dias. Colo os longos cílios postiços com brilhos dourados e decido-me pela Uma. Os brilhos dourados já estão suficientemente loiros para esta noite.

Encostada ao balcão do bar, dou umas pestanejadas. O Quincy vem até mim todo alegre e põe o braço no meu ombro.

– Chá de hortelã?

– Dois, por favor.

Nesse meio tempo, ganhei um novo amigo. Como eu, ele também entorna litros e litros de água e chá de hortelã nas noites de sexta-feira. O braço sem malícia escorrega para as minhas costas, arrastando a Uma junto. Minha peruca no meio das costas. Enrubesço. O Quincy me ajuda a ajeitá-la de volta no lugar e me consola ao dizer que ninguém viu nada. É impossível não gargalharmos.

Sexta, 10 de fevereiro de 2006

A caminho da minha última sessão de quimioterapia, penso na 54ª cruzinha que fiz hoje de manhã. São quarenta minutos de casa ao hospital. Como na maioria das vezes, estou sozinha. Sem a mamãe, sem a vovó, sem minha irmã e também sem a Chantal. Trouxe bombons para o Doutor L. Na loja, viam-se coraçõezinhos por todo o canto, pois é quase dia dos namorados. A primeira coisa que me veio à mente foi o Doutor K., mas já deixei a mulher dele bastante desgostosa no ano passado. E o Doutor L. não entenderia a brincadeira. Este ano, portanto, nada de coraçõezinhos.

Hoje, a enfermeira Judith está sozinha para me conectar ao meu amigo altão. Ela me deixa ajudar segurando a agulha e desatarrachando a capinha cor-de-rosa. No começo não dá certo, o líquido espirra para todo lado em cima de mim, até que ela acerta a agulha no meu *port-à-cat*. Essas enfermeiras...

Logo depois já vou andando com o meu amigo altão para o térreo com a minha *teta extra* chamando a atenção da multidão que anda pelos corredores do OLVG. Na cafeteria mais badalada do hospital, o café é servido pelas lésbicas menos atraentes e mais antipáticas de toda Amsterdã. (Parecem com as peças do mobiliário que foram reaproveitadas nesta nova era de *ristrettos, macchiatos* e outros cafés sofisticados.) Lá me espera a equipe de filmagem da organização de luta contra o câncer KWF Kankerbestrijding.

"É que você dá uma conotação toda própria à coisa." Foi o que disse a Inge quando me telefonou perguntando se eu não queria participar da campanha deste ano para angariar fundos para a "maior fundação de combate ao câncer dos Países Baixos".

"Quero, quero sim." Parece que ainda estou ouvindo a minha resposta. E pronto: eis-me aqui de novo no papel de paciente-celebridade. O que mais os atrai em mim são as perucas. Então, vamos nessa... Não preciso fazer muita coisa, basta dar uma voltinha de rotina com o meu amigo altão, acender uma vela na igreja, dizer um "oi" na minha antiga seção, a C6, uma aplicação de quimioterapia e de vez em quando um sorrisinho. Muito simples. Mas também muito constrangedor no meio de todos os pacientes com câncer.

O Doutor L. recebe seus chocolates com um sorriso carinhoso. Não é só a mesa dele que é uma balbúrdia completa, hoje o chão também está coberto de pastas, em pilhas tortas e cuspindo folhas de tão cheias. Ele se desculpa pela bagunça e, como sempre, me dá um enérgico aperto de mão.

Falamos sobre os meus índices sanguíneos e sobre a próxima consulta. A atmosfera está diferente. Não estou mais aqui na esperança de ser curada, mas sim na de estar curada e de nunca mais voltar. Meus índices sanguíneos estão na direção correta, minhas consultas são só para controle. Digo-lhe radiante que estou me sentindo muito melhor. Que me recuperei um pouco e que sinto que minhas energias estão voltando. Que tenho certeza de que já acabou.

– Mas já dá para tirar o *port-à-cat*? Não precisa ficar nem como medida de segurança?

O Doutor L. diz que não com a cabeça.

– Você já não está boa? Então acabou.

Ficamos em silêncio por um tempinho, mas levantamos o olhar os dois ao mesmo tempo. Tantas faíscas de pensamentos nos meus olhos. Nos dele. Tantas inseguranças que deixamos para trás. Tantas conversas tivemos para chegar a este ponto.

Ele diz em voz alta aquilo que não me atrevo a dizer:

– Sabe que vou sentir a sua falta.

Imediatamente sinto um nó na garganta. Uma demonstração tão surpreendente de carinho vinda do meu Doutor L.

A equipe de câmera dá por encerrado o seu trabalho antes de eu ser liberada e me deixa sozinha com as enfermeiras e outros pacientes. Ainda confabulo mais um tempo com a minha vizinha sobre queda e crescimento do cabelo, encerramos a conversa desejando uma a outra que não tenhamos que nos ver de novo. Essa é a frase feita mais simpática que se pode trocar no atendimento ambulatorial.

Quando me desconectam, sinto-me tão fantástica que resolvo tomar o bonde Nº 7 em vez do Mercedes posto à disposição pela previdência pública. No caminho ainda compro livros e bolinhos. Desde que a Chantal me garantiu que era mais bonito do que dramático, estou querendo ler o livro do Ray Kluun. A capa mostra dois sapatos, mas ainda não sei o porquê disso. Com o Kluun debaixo do braço entro no café Finch. Já são quase cinco. Conforme o Noordermarkt começa a encher de gente, eu também começo a me animar. Nada de quimioterapia daqui para frente, hoje foi a última vez.

Fiquei no bar até fecharem as portas e filei uns cigarros. A filha do vizinho veio me acordar de manhã cedinho para irmos ao Pilates e discorremos um pouco sobre o sexo oposto. Estou de volta, faço parte do mundo de novo.

Segunda, 13 de fevereiro de 2006

Passada a 54ª semana, dado o último aperto de mão no Doutor L. e assinado o contrato, agora é oficial.

Sou uma escritora. E uma escritora gosta de ler, conversar sobre livros e também saber o que está acontecendo com os outros escritores.

Começo a me adequar a esse papel. Vivo tudo isso em companhia do meu laptop. Levanto de manhã e já vou digitar alguma coisa. Tomo o café e tenho uma ideia. Vou para a cama à noite e escrevo mais alguma coisinha. Porque mesmo na cama, as palavras continuam a fluir. Escrevo sem parar.

A guinada na minha vida começa a se parecer muito com a trama engendrada pelo célebre escritor Harry Mulisch em *O descobrimento do céu*. Parece até proposital e calculado, tal a naturalidade com que passo de um barco a outro.

E não pára. Tomando café com o Cees Geel, à mesa com Eddy Terstall, no trabalho na revista *NL20*, fazendo um teste de elenco com Hans Kemna ou numa viagem promocional para a *Cosmopolitan*.

Quinta, 16 de fevereiro de 2006

Neva e os flocos cruzam rodopiantes a minha ampla janela aos milhares. Entro num carro que não conheço usando um vestido Wolford e uma calcinha tão fina que depois de usada pela primeira vez será mais buracos do que preta. *Glitter* de discoteca e perucas de fantasia. O meu cabelo loiro e comprido mal se destaca porque, para entrar no espírito de festa, muita gente teve a ideia de usar cabelo sintético. Fico empolgadíssima com todas as ousadas criações à minha volta e troco de peruca com muitas cabeças. Caracóis cor-de-rosa, ondas platinadas ou afro. O Gravatinha, meu par, vestiu-se para a ocasião com um terno risca-de-giz aveludado.

Na pista, entre corpos suados, ele vem ficar bem pertinho. Meu corpo está envolto num tecido fino e elástico que adere às minhas formas. Os cabelos da Bebé balançam loucamente para todos os lados e cantarolo a música baixinho. A mão dele escorrega devagarinho pelas minhas costas e se afasta rápido em seguida. Depois que isso se repete algumas vezes, levanto o olhar e o encaro. É noite, intervalo de algumas horas em que os momentos são vividos, e nós estamos vivendo um. Agora. Nestes minutos protegidos pela escuridão. Ele me segura mais forte, a sua mão já está na minha cintura e procura brincalhona o meu umbigo. Um único toque resulta num arrepio por todo o corpo. Mais um desses toques desperta um desejo irresistível. Olhamos um para o outro e queremos uma só coisa. A mão úmida desliza sugestiva até entrelaçar-se com a minha e no minuto seguinte já não estamos ali. Desaparecemos da pista, deixando para trás os corpos suados, em direção ao carro. Foi como Bebé que adentrei a noite, mas o prosseguimento será como Cicciolina, a peruca platinada que ganhei de suvenir e que irradia mais sexo do que estilo.

– Você sobe comigo?

É uma hora da manhã.

– Seria para você me preparar uma xícara de chá? – respondo eu, radiante com a ideia de ainda não ter que me separar dele.

É uma escada comprida e muito inclinada que eu subo meio desajeitada. Passamos por um quarto de cor escura, um banheiro de cor escura e uma cozinha de cor escura. *Pit-stop*.

– Só tenho chá vermelho. – diz ele deixando claro que não é fã de chá. Enquanto a água ferve, trocam-se olhares brincalhões e cheios de desejo. E então os lábios dele na minha têmpora, na maçã do meu rosto, deslizando devagarinho para a minha boca. Depois de horas de expectativa, os nossos lábios se encontraram e não se desgrudam mais um do outro. Quero mais, mais dos seus lábios, das suas mãos e sobretudo dos seus braços. Desaparecemos para dentro do quarto ao lado.

Os seus lábios descem devagar. Os seus dedos me penetram delicadamente. Da minha boca saem gemidos, minhas costas se arqueiam para cima. Eu estou transando e quero gozar, mas não consigo.

Todo tipo de pensamento passa em lampejos pela minha cabeça. Vejo jalecos brancos, agulhas, o Doutor L. e por fim o Rob. Uma lágrima sai do meu rosto, chega na axila e dá a impressão que vai durar até a coxa. Me imagino junto do Rob e na intimidade que partilhamos. Na intimidade que não estou sentindo neste momento. Sinto falta do Rob.

Não consigo deixar de pensar na minha história. Quero deixá-la para trás por completo e abrir espaço para coisas novas. Mas não consigo, porque ela me dá segurança. A segurança da minha história.

Soluçando baixinho, adormeço, e soluçando baixinho, acordo. Está escuro, tenho que piscar várias vezes para conseguir distinguir os contornos desconhecidos à minha volta.

Um sentimento horroroso de solidão toma conta de mim. Estou na cama, virada para a direita, de costas para o corpo que está deitado em algum outro lugar da mesma cama. Só os nossos pés se tocam, as outras partes não tem qualquer ponto de contato. Viro e me aninho no corpo cálido e adormecido a fim de espantar o vazio repentino que sinto dentro de mim. Quanto mais tento me aproximar, mais distante me sinto de mim mesma. O Rob lampeja nos meus pensamentos e no meu coração. Ai. O corpo junto ao qual estou enrolada tornou-se de repente tão estranho, sinto-o frio e desconhecido.

Sexta, 17 de fevereiro de 2006

De manhã, avisto o Jan no restaurante da esquina, o Het Smalle, para onde estou indo em busca do meu primeiro café do dia. Será que ele vai perceber que estive chorando a noite passada? Que hoje cedo, quando ainda estava escuro e a rua toda ainda dormia, eu, com uma velinha no chuveiro, removia com a bucha a tristeza que me impregnava?

Provavelmente não. Como poderia, se eu mesma já me tinha esquecido quando adormeci? E só me lembrarei quando for noite de novo? Quanta coisa fica guardada dentro de mim sem que seja perceptível a ninguém. Não só aos que estão à minha volta, mas também a mim mesma, a cada dia que tenho de recomeçar.

Mas lá estão eles. Os humores imprevisíveis. As lágrimas repentinas. Os soluços que vêm do nada. Corto uma cebola e começo a chorar, primeiro pouquinho, mas cada vez mais copiosamente. Começa com umas lágrimas pesadas que rolam devagarinho pelas bochechas. Apanho-as nos lábios, lambendo-as com a língua em seguida. Salgadas. Continuo a picar ao ritmo da minha respiração, enquanto procuro calma dentro de mim mesma. A busca é árdua. Muito árdua. Seja no caminho para consultas no OLVG, no caminho para festinhas de aniversário ou para tomar um vinho no bar. Fujo noite adentro para escapar das minhas lágrimas de medo.

Quinta, 23 de fevereiro de 2006

> Mas ainda estava em dúvida sobre algumas coisas. É claro que a saúde me traz um pouco de preocupação. Garantido que você vai ficar boa mesmo?
> E todas as suas complicações devido à quimioterapia também não ajudam no que se refere ao físico. Espero que você possa entender e não fique aborrecida se eu disser, mas uma peruca que sai do lugar, uma caixinha no peito e outras surpresas do tipo não fazem parte dos meus fetiches.

Ai. Ele está falando de mim. Era para entender isso como uma justificativa? Ou será um fora? E a história da Uma com o Gravatinha para por aí. De qualquer forma, não fomos muito além de uma noite na danceteria. Claro que não precisava ter tanta importância o fato de que tenho câncer, de que posso morrer, de que levo comigo uma certa bagagem extra e que tenho cicatrizes estranhas.

Mas o fato é que *faz* diferença. Faz os homens baterem em retirada. Homens que já têm que lidar com os seus próprios problemas. Homens que logo se assustam e ficam com medo. Com medo do câncer. Homens cujos olhos começam a revirar só de ver uma agulha.

"Será que uma garota com câncer precisa se esforçar mais do que uma garota sem câncer para ganhar um pouco de atenção?" Esse tipo de assunto costuma ser tratado quase sempre num café: eu diante de uma xícara de chá quente e meu comensal soprando fumaça de cigarro antes de levar à boca a sua dose de álcool. Isso me cansa. É como se eu tivesse uma deficiência. É claro que as coisas ficam diferentes, eu também sinto isso, mas continuo paquerando assim mesmo. Também continuo roçando inadvertidamente na perna alheia e sorrindo.

A única diferença é que agora já sei de antemão que não vou voltar para casa com a pessoa em questão. Nem hoje à noite e nem amanhã à noite. Simplesmente, não dá vontade de fazê-lo com uma cabeça careca pelo câncer. Faz-se necessário um planejamento de várias etapas: que vai desde o primeiro *drink* até a cama.

Agora, se os homens olham para mim por mais tempo do que se poderia justificar pela simples simpatia, isso para mim só pode significar três coisas: ou eles acharam algo de interessante; ou eles estão olhando para uma asquerosa bolinha de catarro pendurada do meu nariz resfriado; ou eles estão percebendo que algo não bate. Esta última possibilidade me causa sempre calafrios. E de repente intimido-me diante da realidade repulsiva de levar uma peruca no coco. De que, por debaixo dos meus cachos loiros, apareça um pouco da minha penugem castanho-escura.

Estou perfeitamente consciente da sensação que posso causar com os meus penteados nada discretos. Mas essa atenção me deixa vulnerável e às vezes sem graça, o que nem sempre é o efeito desejado. Quando o Matthijs me entrevistou para o programa de TV, chamou a minha história de "uma vida com um segredo". Ele ficou intrigado com a história daquela garota que à noite sai de casa calçando os seus melhores sapatos de salto e vai ao encontro da vida noturna. A mesma garota que se deixa beijar por um rapaz desconhecido, sem expor um detalhe sequer da sua realidade terrível.

A mesma garota caminha pelo mercado na manhã seguinte guardando o seu segredo para si. Lá ela nota que as pessoas estão olhando para os penteados espalhafatosos e chega a ouvir que acham o seu cabelo muito bonito. Assim, à distância, até parece legal, mas ver o susto nos olhos de uma vendedora quando saio do provador com a peruca torta... Imediatamente sou encurralada de volta à minha solidão, pois sei que é a minha doença incomum que está espantando aquela vendedora ou aquele cara bacana no avião e é justo essa doença incomum que agora, mais do que nunca, faz parte de mim.

Às vezes vejo os homens olhando para os meus cachos loiros e sexys e em seguida pensando em coisas das quais prefeririam não tomar parte. Nesses casos, não posso deixar de me perguntar se eles também teriam olhado desse jeito se eu estivesse como Uma ou Sue, bebericando o meu chá-verde no balcão do bar. Ou simplesmente com a minha própria penugem. Eles nunca me viram careca. Careca na cama, careca debaixo do chuveiro, careca de roupão de banho, careca quando a peruca engancha no vestido na hora de me trocar. O que diriam? Há tanta coisa que eles não sabem a meu respeito. Um mundo inteiro de diferença.

É esse o meu segredo. E é assim que eu gosto que seja, porque não tenho qualquer vontade, ou energia, ou prazer de ficar falando horas a fio sobre mim mesma e sobre a minha doença. Não estou nem um pouco a fim de olhares de pena, incredulidade ou terror. E não tenho tempo para gastar com aquelas pessoas que têm o estômago fraquinho. Com aqueles tipos que me olham arregalados e boquiabertos quando lhes digo que tenho uma peruca na cabeça. E daí ainda soltam a exclamação: "Jura?!". Se possível fujo dali rapidinho para procurar alguém que, este sim, compreenda que o câncer também é parte da vida. Não só da minha, mas algum dia talvez da dele.

Que pensem à vontade que sou uma dondoca com as unhas do pé sempre pintadas de vermelho. Que sou uma escritora ruiva que jamais pisa na rua sem o seu bloquinho de notas. Ou que sou uma cientistazinha política embevecida quando estou absorta na biblioteca com os meus livros, seja na pele de que personagem for. Porque isso também é a realidade. É bem verdade que não a realidade toda, mas uma de suas muitas partes.

Terça, 2 de maio de 2006

– Sophie! Sophie! – grita uma enfermeira chata no meu ouvido.

Acordo, a mamãe está sentada do meu lado. Ufa, dormi um bocado. Essa anestesia era da boa. Fixo o olhar na minha mãe, por mais tempo do que de costume, até que ela toma forma de novo. De repente, vejo-a com olhos de dois anos atrás. O cabelo dela está como naquela época, penteado num coque. Ela parece mais jovem, menos preocupada e mais ela mesma. Está bonita.

– Como você está se sentindo? – pergunta a enfermeira.

– Como se ainda quisesse dormir mais um pouco.

– Pode dormir. Nenhuma dor?

– Não.

Levanto com dificuldade e olho para o meu calombo. Já era. Bem-vindo ao meu corpo, buraco esquisito.

– Cadê ele?

A enfermeira mostra o *port-à-cath*.

Ainda não o tinha visto e é bem diferente do que pensava. Branco, de plástico e não tão *sci-fi* como imaginava:

– Posso pegar?

Quinta, 4 de maio de 2006

– Lamento dizer mas essa quantidade não vai dar. O cálculo é de mais ou menos meio quilo por pessoa e ainda se perde um pouco ao descascar.

A Annabel olha meio sem ação para os vinte aspargos brancos que tem na mão. Não tem mais nada em casa. A balança indica exatamente 1,305 kg. Segundo a Eva, mãe da Annabel, faltam 500 g.

A temporada dos aspargos está de volta.

E já dá para sentir o cabelo crescendo quando passo a mão.

Sexta, 5 de maio de 2006

Com a ponta dos dedos, a minha irmã vai tamborilando pelo meu braço suavemente, chega ao pulso e sobe de novo. Depois, na minha cicatriz, onde agora existe um buraquinho. Isso durante umas duas horas, até eu cair no sono. É sempre assim quando ela quer ficar perto de mim. Enroscamo-nos tão juntinhas que as nossas testas chegam a se tocar.

Sexta, 12 de maio de 2006

Na pulseirinha cor-de-rosa que acabo de pôr está escrito PINK RIBBON. Na livraria Scheltema, a caminho da seção de *thrillers* e *best-sellers*, passamos por uma pilha cheia de livros do Kluun. *Socorro, engravidei minha mulher*, leio.

– Este também deve ser muito legal, ouvi dizer, mas não para mim – diz a Chantal passando direto para outra pilha, sem gravidez, ovários e babadores. Como ela deve se sentir sozinha num lugar como este, cheio de histórias conhecidas. Histórias sobre se apaixonar, casar, ter filhos, ser feliz e envelhecer. Para ela, isso tudo é passado.

Nas mesinhas da calçada do Pilsvogel ainda tomamos alguma coisa. Mexendo na minha fitinha cor-de-rosa, noto que a pulseira amarela sumiu. Perdi de novo. O amarelo representa muitas coisas para mim: Marco, Salvatore, Rob e Lance. O rosa representa a Chantal, que está presa num corpo tomado pelo câncer. O rosa, não vou abandonar de jeito nenhum, tamanho infantil.

A Chantal pede vinho e eu peço chá. A Chantal está bem bronzeada e eu uma branquela. Mas ela está sob o jugo do câncer e eu estou livre dele. Enquanto vou traçando uma coxinha de frango atrás da outra, a Chantal declara, como se não fosse nada, que ela já não sabe que rumo as coisas podem tomar.

O seu tom de indiferença perpassa todas as coisas, esteja ela falando sobre coxinhas de frango, sobre médicos ou sobre o amor.

– Simplesmente não fico mais alegre com nada. Não sei bem o que é, mas quando acordo não tenho vontade de fazer nada.

Mastigo.

– Todo mundo pensa que estou sempre exultante só porque me veem todo dia dando risadas no bar, mas se estou lá é porque estou só.

Pego mais uma coxinha.

– Em dez anos já não vou poder usar o braço, foi o que os médicos me disseram. Por causa da radiação.

– Ah, esperemos que você não esteja mais viva, assim não vai fazer falta – digo.

– Não quer mesmo um copo? – pergunta ela.

– Não, obrigada.

– Sabe, nos últimos tempos tenho dores de cabeça com muita frequência. Chego a passar noites inteiras acordada.

– Você está desconfiada de alguma coisa?

Ela dá de ombros:

– Não sei, aconteceram umas coisas meio loucas esta semana.

— Como o quê?

— A Ellen estava na porta e quando fui girar a chave, não sabia mais como fazer. A mesma coisa aconteceu no banheiro. Queria dar descarga mas não sabia como.

— Literalmente uma merda.

A Chantal não ri. Nem eu.

— Já passou na médica? — a Chantal tem uma oncologista mulher.

— Está de férias.

— Mas ela não tem uma colega?

— É, tem razão. Mas ela volta na quinta-feira. Daí eu pergunto.

— Mas, Chan, ainda falta uma semana. Não é melhor ir antes?

— Vamos ver.

Sábado, 13 de maio de 2006

Já está de noite e o meu telefone toca. É a Chantal.

— Oi, querida, melhorou das dores de cabeça?

— Não, passei hoje o dia todo no hospital. Ontem à noite foi horrível. Telefonei para o Dave e já viemos direto para cá de carro. E dá-lhe espera... e mais espera... você sabe como é.

— E?

— Nada, não fazem exames de imagem aos sábados, tenho que esperar até segunda.

— É ressonância? — A ressonância magnética é a mais usada para imagens da cabeça.

— É, essa mesmo.

— Posso ir te visitar?

— Não, não... estou exausta, vou me dopar com um pouco de morfina e ir direto para a cama.

— Tá bom, querida. Amanhã te telefono. Durma bem.

Domingo, 14 de maio de 2006

É meio-dia e mando um SMS para a Chantal. Nada de resposta. Telefono e ninguém responde também. Uma hora depois, ligo de novo e a Ellen atende. Mau pressentimento.

– Oi, Ellen, é a Sophie, como está a Chantal?

Silêncio, hesitação.

– Sophie, a Chantal não está muito bem, ela te liga depois esta semana, tá?

Levo um susto.

– Droga, posso ir aí?

– Já estamos de saída.

– Para o hospital?

– É.

– Posso ir para lá?

– Acho que não tem muito sentido. Ela só vomita e está se sentindo um trapo.

– Merda.

– De qualquer forma, anote o meu número, você pode me ligar a qualquer hora.

Ao anotar os números, derramo as minhas primeiras lágrimas pela Chantal no papelzinho amassado que está em cima da mesa. Pela Chantal que vai morrer. Agora? Em algumas semanas? Meses? Anos? Impotência, nunca tinha sentido tanta em relação a outra pessoa.

Em menos de 30 minutos estou na frente do AVL, suada, exausta e levemente histérica. Ali há dois banquinhos e um espaço para fumar. Vou-me sentar num dos banquinhos e caio em prantos. São seis e meia, o sol brilha, mas para mim é como se não brilhasse. Estou usando meu casaco de inverno.

Era de se supor que eu estivesse perfeitamente preparada. O que ela quer ouvir, o que ela não quer ouvir. Mas tateio no escuro. Será que posso mesmo estar aqui? Será que tenho que ser durona ou fazer como a Chantal? Fazer piada?

Aqui, ao pé da cama dela, observo-a definhando e não sei o que pensar. Pouco a pouco, vou vendo cada vez menos da Chantal e cada vez mais do câncer. E eu: cada vez menos câncer e cada vez mais Sophie. A uma distância segura da morte. Bem perto da morte. Terá sido uma força primitiva que me fez chegar tão longe? Que me fez descobrir e usufruir da minha criatividade? Minha história, escancarada em palavras, mal começada ou quase terminada tão logo consiga capturá-la e dar-lhe um fim?

Segunda, 15 de maio de 2006

Duas coisas hoje: minha tomografia às 9:00 e depois visitar a Chantal no AVL. É só para estar ao lado dela, dar apoio e fazê-la ver que gosto dela.

Enquanto deslizo para dentro do aparelho de tomografia, penso no meu prognóstico e no da Chantal. Dar-se conta, é como isso se chama. Quando você vê uma amiga vomitando na privada, depois de você ter passado vários meses fora do mundo real. Depois da tempestade vem a bonança. Para mim agora é a bonança, para ela a chuva acabou de recomeçar.

– Olha só quem está aqui!

No OLVG, a Anne-Marie fecha ruidosamente o prontuário que ela estava consultando e alcança o envelope gigante de 1m por 1m com os resultados do meu exame.

– Que legal o seu cabelo assim.

– Legal, né? É todo meu. Eu que fiz, com pequena ajuda de uma química – digo eu.

Ela pergunta se tenho mais intrigas para contar. Sorrio e a ponho a par dos últimos acontecimentos da minha vida de solteira e de escritora principiante.

O Doutor L. também aparece e entra na conversa. Mas para falar do meu estado físico, claro, e não do meu cabelo recém tingido de loiro. Depois de todas as perucas, o Doutor L. já não se espanta com mais nada.

– Como você está se sentindo? – pergunta ele.

– Bem.

– Nenhuma queixa? Fisgadas, formigamentos?

– Não.

– Está indo para a tomo?

É o Doutor L. quem marca as minhas consultas, mas sou eu mesma que tenho que comparecer.

– Não, acabei de fazer. Amanhã passo com você?

– Amanhã? Ok. Vamos resolver isso logo. Pode deixar que eu marco.

– Ótimo.

– Você ficou muito bem com esse cabelo.

– Obrigada.

A caminho do quarto andar, passo pelo necrotério.

"De arrepiar, não? Em pensar que logo posso estar entre eles." As palavras da Chantal me causam novo arrepio. Que arquiteto de araque terá projetado isto?

No AVL todas as mulheres têm cabelo curto, e hoje, eu também. Curtinho e com gel. Mas também há as carecas. E vez ou outra, uma peruca ou um lenço na cabeça, sendo muçulmana ou não. O cabelo da Chantal é mais cheio e mais comprido, mas hoje ela é a que está mais doente. Quarto andar, ala C, quarto 1. Na porta, lê-se: EMERGÊNCIA.

Em pé ao lado da cama dela, penso em toda a solidão que ela deve estar sentindo por ser a primeira a partir. Ela acaba de ser lembrada disso com especial veemência pelo vômito que acabo de presenciar.

– Mostra a JAN para a Sophie.

A amiga dela me dá uma revista em papel couchê.

– Página 64 – diz ela.

Abro na página. Uma Chantal radiante, com o título A MINHA VIDA É PARA JÁ E COM TODAS AS MINHAS FORÇAS. A Chantal também está sob os holofotes com sua doença e atitude de vida.

> Chantal Smithuis (34) sofre de doença incurável. Segundo os prognósticos, ela deve morrer dentro dos próximos dois anos em consequência de câncer de mama. Ao participar desta edição de JAN, Chantal tem o objetivo de dar voz a todas as mulheres que não conseguem se salvar, relatando como, para sua própria surpresa, ela consegue ser mais feliz agora do que nunca.

Por cima da revista vejo uma garota doente, de cama, mantida sedada à base de morfina e dexametasona – a irmã mais velha da prednisona.

Mesmo aqui ela é colossal. Eu falo baixinho, ela responde baixinho com a fala arrastada:

– Disto sim é que eu tinha medo. Ser internada no AVL.

Já faz um tempo que a Chantal se trata aqui, mas desde que o tratamento foi transferido da cidadezinha de Purmerend – não recomendável para quando as coisas ficam sérias – para o AVL, ela nunca mais tinha sido internada.

– O começo do fim – diz ela, balbuciando.

Fico em silêncio. A amiga da Chantal se levanta para ir tomar um pouco de ar com os cães. A Chantal tem dois labradores dourados, que moram com o seu ex. O quarto cheira a caldo de frango, que vem do recipiente plástico ao lado da sua cama. Ninguém veio retirar. Vômitos um atrás do outro nas mesmas caixinhas de papelão do OLVG. Bile, por causa do helicóptero que há dias fica dando voltas sem parar na sua cabeça.

Quando abrem a cortina do biombo, nós três nos viramos para ver quem é. A Chantal, o ex dela e eu. Aparece um rosto preocupado e pesaroso, de idade, enrugado. É o neurologista. Seguido de uma enfermeira. O neurologista aperta a mão de cada um. Em seguida a mão vai ao ombro da Chantal e lá permanece.

– O cérebro dela não está nada bem, metástase.

Os médicos não dão voltas para falar. Engulo a seco e olho para a Chantal, a mais valente de todos nós.

Ela fica brava.

– 34 – diz ela – 34 – e faz o gesto chulo com o dedo médio.

É a primeira vez que a vejo chorar.

– Temos que fazer uma radiação imediatamente.

– E depois? Isso vai fazer os tumores sumirem?

– A probabilidade de desaparecerem da cabeça são bem grandes.

– Vou ficar careca?

– Vai.

– Quantas metástases são de fato? – pergunta o ex.

– Por toda a cabeça.

– Puxa vida, já vai ser a terceira vez. Como é rápido, não? Você fica melhor, uns meses sem quimio e daí, PUMBA, bem na cabeça.

Ela olha para mim.

– Bom para o seu livro, isso.

Felizmente ela ainda não perdeu o senso de humor. Faz-me lembrar do Simon, do filme de Eddy Terstall, que na última conversa que vai ter com o médico pergunta se não há um cirurgião dando sopa por ali com um pouco mais de senso de *tumor*.

Dou um beijo na Chantal e vou embora. O bonde está vindo e começo a correr tão rápido quanto consigo.

Terça, 16 de maio de 2006

Fim da história? Ou da minha história? O Rob me acompanha pelo hall da OLVG. É bom saber que ele está ali de novo. Mas agora eu queria o Jur, porque ele é o único que consegue diminuir o meu medo. Sentamo-nos nas cadeiras que ficam dispostas em círculo de frente para o balcão de atendimento do ambulatório.

Sigo os ponteiros do relógio, observo os semblantes soturnos das pessoas que vão e vêm, mexo as pernas para lá e para cá e olho para o Rob. Ele me segura no ombro com força e me dá um beijo. Depois de mais ou menos um minuto o Doutor L. aparece vindo na minha direção. Ele está sorrindo.

Solto um suspiro de alívio.

– Tá, deu negativo, já dá para ver pelo sorriso dele. Podemos ir embora – diz o Rob, rindo depois.

– Senhora Van der Stap – fora da sala dele continuo sendo *senhora*.

Levanto-me, estendo a mão ao Doutor L. e tento registrar a imagem do seu sorriso. Acho que consigo.

– Bom, está tudo em ordem. Novamente, uma pequena modificação, muito provavelmente efeito da radioterapia. Como é que você está se sentindo?

– Fantástica. Você vai estar aqui no final de agosto? Vai ser o lançamento do meu livro.

O Doutor L. não segura o riso, como se fosse um menino.

– Não me atreveria a me ausentar numa data como essa. Como foi a sua tomografia?

– Bem – digo em voz baixa. Não me atrevo a expressar animação em face da situação em que se encontra a Chantal.

– Ah, que bom, hein. Pelo menos você.

Terça, 30 de maio de 2006

Data: Ter, 30 Mai 2006 04:27
De: Sophie van der Stap
Para: Dr. L.
Assunto: Medo

Olá Dr. L.,
Estou com um pouco de medo. Tenho sentido pinçadas, não do lado como antes, mas nas costas, na região lombar, durante o dia todo. Tenho a sensação de que essas pinçadas estão aumentando pouco a pouco. E isso depois de meses sem nada.
Pode ser por causa da radioterapia? Estou com a aparência tão saudável, sentindo-me tão bem e fisicamente estou cada vez melhor.
Comecei a tomar nota dessas pinçadas para saber se estão piorando. Qual é a sua opinião?
[]s
Sophie

Data: Ter, 30 Mai 2006 09:40
De: Dr. L
Para: Sophie van der Stap
Assunto: RE: Medo

Cara Sophie,
Não sei dizer ao certo o que é. O fato de que você está se sentindo tão bem é bom sinal. Se as pinçadas continuarem, você deve antecipar a consulta. Você me mantém informado?
Dr. L.

Segunda, 19 de junho de 2006

Estou lendo o jornal e me confesso envergonhada porque não sei do que trata a charge do Kamagurka. Será que estudei ciência política mesmo? Onde estou com a cabeça?

Não no jornal. Estou noutro lugar completamente diferente. No meu mundo à parte, do qual é tão difícil me afastar. Na minha história, sem a qual não posso viver, mas sem a qual bem que gostaria de viver. Percebo isso a toda hora: conversando nas mesinhas da calçada, votando – alguma coisa que tenha a ver com a mulher como sempre ou quem sabe o partido dos animais desta vez? –, fazendo novos contatos, contatos antigos, contatos com homens. É nesses momentos que mais flagro a mim mesma.

O Rob, que é uma parte tão grande disso. O Jur, que, droga, bloqueia as minhas emoções toda vez que encontro outro homem legal. Eu saio, ponho meus sapatos de salto, colo meus cílios. Busco atenção, carinho e um pouco de confiança.

E recebo tudo isso, até mesmo a confiança, mas não estou lá presente por inteira. Estou no meu livro, que, em diversas frentes, tanto define a minha vida. Como uma Sophie que se tornou palpável, como conclusão, como aprofundamento e sobretudo como minha própria criação. Meus tumores já se foram, meu livro está concluído. Ainda bem, porque estou completamente exausta.

Eis aqui, portanto: fim de história. Mas ao passo que esse fim vai ficando mais palpável conforme vou concluindo a minha história, e quanto mais próximo desse fim mais firme fica a minha conclusão dessa história nos rostos das pessoas à minha volta, tanto maior é a minha surpresa com o meu medo de morrer disso. As fisgadas do lado do corpo continuam a incomodar. De repente, suor... lá está ele de novo. Respiração curta. Medo.

Será que estou mesmo livre do câncer?

Terça, 20 de junho de 2006

– Sophie, o que você estava fazendo exatamente quando desmaiou?

Abro os olhos cautelosa e encontro o olhar preocupado do Doutor L. que espera pacientemente por uma resposta que lhe dê elementos para trabalhar. E dez outros olhos com ele. Concentradíssimos e cheios de tensão.

Meus olhos percorrem as várias silhuetas que se juntaram em torno da minha cama nos últimos cinco minutos. Vejo o Jur, desta vez de jaleco branco e crachá, minhas enfermeiras Pauke e Bas, o médico plantonista, meu médico e o Doutor K. O último, um pouco sem jeito.

O Doutor L. repete a pergunta.

Fecho os olhos e tento me lembrar de tudo. A tarde de hoje, a manhã, a noite. O dia inteiro. Tudo vai voltando aos poucos. O que é que eu vou dizer? É um pouco constrangedor. Como é horrível estes médicos todos quererem saber tudo de você.

– Eu gozei – respondo, como se fosse a resposta mais natural possível.

Silêncio. Barulho de sapatos arrastando no chão. Constrangimento de minha parte, mas também dos outros no quarto. O Doutor L. em particular não parece ter ideia do que fazer com essa informação. E então a gargalhada sonora do Jur e do Bas.

– Bom, isso nos pegou meio de surpresa – é como o Doutor L. tenta contornar a situação.

– Você estava sozinha ou alguém estava com você? – continua o Jur, persistindo no inquérito. Mais uma saia justa.

O Doutor K. se apressa em sair da sala, abrigando-se na segurança da Pneumologia.

Fecho os olhos e puxo a peruca para cobrir a minha cara, evitando assim todos aqueles olhares. Fico sem graça, mas também percebo que estou desfrutando deste momento de constrangimento. Ganhei uma segunda chance e mal posso esperar para começar essa nova vida.

Sexta, 23 de junho de 2006

Tudo isso é verdade. Todas as palavras que escrevi, todas as lágrimas que chorei, toda dor pela qual passei.

Todas as enfermeiras, todos os soros, o Doutor L., todas as idas ao pronto-socorro, todas as transfusões de sangue, todos os jalecos brancos, o Doutor K., todos os baldes de vômito, todos os comprimidos, toda a confusão com os fios do equipamento, o meu seio artificial, as camisetas molhadas, o gesto chulo com o dedo, todas as tomografias, todos os índices sanguineos, o Doutor N., todos os prontuários médicos, todas as cabeças carecas... minha própria carequinha. Tudo isso é verdade.

Lance, Jur, Oscar, Marco, Chantal e Aniek. Vocês são todos de verdade.

Todos os cartões que foram deixados na minha caixa de correio, todos os telefonemas assustados, todas as visitas, todas as flores, todas as preocupações, todos os olhares cheios de pena, cheios de impotência, cheios de tristeza. Tudo isso também é verdade.

O papai, a mamãe, a mana. Tão próximos.

Todas as tentativas de meditação, todas as lojas de produtos naturais, todos os sucos de tomate com limão e chás verdes, todas as beterrabas, todas as sementes e sopa de missô, um pouquinho de Buda. Verdade.

Todas as perucas, todos os cabelos que podia arrancar sem nem sentir, meu último pelo pubiano, que por uma espécie de orgulho renitente deixei ficar, mas que por fim arranquei, minhas cicatrizes, minhas veias arruinadas do braço direito, meu amigo altão, minha cama de hospital. Verdade verdadeira.

Toda a atenção, da Editora Prometheus, a imprensa, TV e entrevistas. Verdade. Stella, Daisy, Sue, Blondie, Platina, Uma, Pam, Lydia e Bebé. Verdade.

Otto e Bebé. Verdade.

O amor que recebi, todos aqueles cafunés que me fizeram, todas aquelas palavras judiciosas que foram ditas, toda a atenção e zelo, todos os belos presentes, todos os sorrisos, todas as trocas ternas de olhares, um anjinho no meu ombro, toda a minha família, todos os meus amigos, todos os meus conhecidos, gratidão. Tudo isso também é verdade.

> Ítaca presenteou-te com a bela viagem.
> Se não existisse, nunca terias sequer partido.
> Mas ela não tem mais nada a te oferecer.
> K.P. KAVAFIS

Obrigada, Jan, por encontrar a escritora dentro de mim. Obrigada Esther, por desenvolver a escritora dentro de mim. Obrigada Jaap, por todo o apoio literário. Obrigada Hans, por seus conselhos cruciais. Obrigada Walter, por ser mais do que meu vizinho. Obrigada Jurriaan, por existir. Obrigada Doutor L., por minha existência. Obrigada Doutor K., por colorir o OLVG. Obrigada Doutor N., por todos os seus cálculos. Obrigada papai, mamãe e mana, por cuidarem de mim. Obrigada a todos por tornarem minha história possível.

Impressão e Acabamento
Bartira
Gráfica
(011) 4393-2911